Marketing des médias sociaux

pour les petites entreprises

Comment obtenir de nouveaux clients,

gagner plus d'argent, et

Démarquez-vous de la foule

Pour les demandes d'autorisation et les options d'achat de commandes groupées, envoyez un e-mail support@smmfsb.com

Ceci est une œuvre de non-fiction. Les conseils et les stratégies qu'il contient peuvent ne pas convenir à toutes les situations. Ce travail est vendu étant entendu que ni l'auteur ni les éditeurs ne sont tenus responsables des résultats obtenus à partir des informations contenues dans le présent document. Ce travail est destiné à éduquer les lecteurs sur le marketing social et numérique et ne constitue pas un conseil en investissement. Toutes les images sont la propriété originale de l'auteur, libres de droits comme indiqué par les sources d'images, utilisables selon les directives d'utilisation équitable ou utilisées avec le consentement des détenteurs de propriété.

Première édition imprimée 2022.
Éditions Aude

Relié ISBN 978-1-957470-08-5
Livre de poche ISBN 978-1-957470-07-8
eISBN 978-1-957470-09-2
LLCN 2022919196

Marketing des médias sociaux

pour les petites entreprises

Comment obtenir de nouveaux clients, gagner plus
d'argent et se démarquer de la foule

Jon Law

Éditions Aude

So·cial

....

sō'shəl

1. de ou se rapportant à la société humaine et à ses
   modes d'organisation.

me·di·a

....

'miː.di. ə
1. une source organisée d'information.

Contenu

Marketing des médias sociaux
pour les petites entreprises

Comment obtenir de nouveaux clients,

gagner plus d'argent, et

Démarquez-vous de la foule

1

Pourquoi devenir social?

S Les médias ociels ont fait irruption sur la scène mondiale en
tant que moyen de connexion et de collaboration désormais
dominant. Pour les personnes et la société dans son ensemble, les
implications de cette transformation sont énormes. Pour les
entreprises, elles sont encore plus profondes. Le commerce dans
l'écosystème moderne mondialisé et numérisé repose sur un
ensemble d'outils comprenant des stratégies et des opportunités qui
n'étaient pas disponibles il y a quelques décennies à peine. Bien que
de nouveaux défis soient apparus, le potentiel latent limité au sein
des petites entreprises a plus que jamais l'occasion d'exploser dans
un paysage concurrentiel qui n'est plus limité par la géographie.

L'idée d'écrire ce livre m'est venue à l'esprit lorsqu'une amie
m'a montré les livres qu'elle lisait pour apprendre à commercialiser
sa petite entreprise sur les médias sociaux. J'ai été stupéfait par le
manque abject d'informations complètes et à jour; ces livres
prêchaient des applications qui sont devenues inutiles il y a des
années, des stratégies publicitaires qui se sont arrêtées aux
publicités Facebook et des conseils sur les médias sociaux qui se
résumaient à « Soyez vous-même ».

Suite à cette expérience, j'ai décidé d'écrire un livre qui aide
les propriétaires de petites entreprises à développer leurs
entreprises grâce aux expériences que j'ai vécues en construisant
des dizaines de petites entreprises à une influence sociale couvrant

un quart de milliard de vues et des millions d'adeptes, ce qui s'est directement traduit par beaucoup plus de clients et des millions de ventes.

Pourquoi l'intégration du marketing numérique et des médias sociaux dans votre stratégie d'entreprise est-elle si importante? C'est une question légitime – souvent ignorée par ceux qui prêchent un fantasme idéalisé des médias sociaux et du paysage numérique pour les entreprises – et qui se résume à des changements fondamentaux dans l'environnement commercial mondial.

Notre analyse doit commencer par comprendre que la numérisation a été la caractéristique déterminante du monde des affaires du 21e siècle. Internet a éliminé les barrières géographiques, entraîné une disponibilité massive de connaissances et offert un degré d'opportunité sans précédent à toute personne disposant d'un appareil et d'une connexion numériques. Alors que de plus en plus de monde se déplace en ligne, la numérisation doit être soit un déterminant primordial de votre entreprise, en supposant un certain degré de physicalité, soit, comme pour les entreprises purement numériques, le déterminant dominant.

Cependant, si la numérisation a ouvert la porte à des opportunités, elle a également créé un environnement beaucoup plus concurrentiel. Contrairement à la concurrence relativement limitée par la proximité géographique (bien que cela puisse être pour votre entreprise physique, les mêmes règles ne s'appliquent pas lorsque vous travaillez numériquement), ces limites ont été en grande partie effacées. Une petite entreprise vendant des oreillers personnalisés en Californie est en concurrence avec les vendeurs d'oreillers en ligne à New York et au Canada, tandis qu'une entreprise de logiciels basée au Japon est en concurrence avec les startups du Cap et de Londres. En tant qu'entreprise opérant dans ce type d'environnement, vous devez non seulement comprendre le paysage du monde numérique, mais aussi apprendre à y prospérer.

En grande partie en raison de la numérisation, la mondialisation a interconnecté davantage les économies mondiales dans une mesure sans précédent.

Nous sommes tous littéralement dans le même bateau, et la mondialisation joue un rôle dans toutes les stratégies numériques. La combinaison de la numérisation et de la mondialisation a non seulement entraîné une concurrence accrue et plus féroce, mais a également connecté un large éventail de marchés et introduit la possibilité de desservir des marchés de niche qui offrent maintenant collectivement une demande suffisante pour soutenir des activités à grande échelle. Ces deux tendances jouent un rôle accru dans la main-d'œuvre et les affaires. L'externalisation réduit les frais généraux et augmente la valeur *des experts de l'ère numérique, par rapport à ceux qui respectent des règles obsolètes.*

De nombreuses entreprises, en particulier les entreprises uniquement en ligne, peuvent récolter de nombreux bénéfices en s'étendant dans des pays non autochtones. Un tel exemple est ce livre, et les autres gérés par mon agence – près de 60% de nos ventes proviennent de l'extérieur des États-Unis, même si la plupart des livres que nous vendons sont achetés en anglais.

Ce ne sont là que quelques-unes des raisons pour lesquelles le marketing numérique et social a fait irruption sur la scène et pourquoi d'innombrables entreprises se tournent vers les opportunités présentes dans ces domaines.

Je Je n'essaie pas d'édulcorer les réalités d'un environnement concurrentiel complexe et en évolution rapide. Le marketing numérique et des médias sociaux ne changera pas la vie de toutes les entreprises. Au contraire, chaque entreprise peut bénéficier d'une variété d'opportunités à portée de main présentes dans l'espace numérique, tandis que pour une bonne partie, les stratégies présentées dans ce livre changeront en effet la donne.

Nous comprenons maintenant l'importance de devenir social. Dans l'intérêt d'une compréhension de base, qu'est-ce que le m social exactement

Social Et maintenant?

Un Un livre sur le marketing des médias sociaux doit d'abord répondre à la question de savoir ce que sont exactement les médias sociaux – oui, les enfants d'aujourd'hui semblent toujours y figurer, tandis que certains ne jurent que par leurs effets négatifs, mais qu'est-ce que c'est vraiment?

Environnement socialLes UMS sont mieux définis comme des communautés en ligne qui permettent aux utilisateurs d'interagir les uns avec les autres. De cette manière, c'est un champ assez vaste – pensez simplement à chaque fois que vous envoyez un SMS à une discussion de groupe sur votre téléphone, faites défiler Wikipédia ou consultez un message partagé par un vieil ami. Dans tous ces cas, les gens interagissent les uns avec les autres sur Internet – c'est ce que les médias sociaux signifient fondamentalement.

Le marketing des médias sociaux ne consiste pas seulement à publier des vidéos ou à payer des influenceurs. Il s'agit de tirer parti des moyens dans lequel les gens interagissent en ligne pour mettre vos produits et services entre plus de mains. Cela nous ramène à la question de savoir si devenir social en vaut la peine – en fait, il est impératif de devenir social parce que les médias sociaux sont le type d'interaction sur lequel le monde moderne est fondé.

Aujourd'hui, les applications de médias sociaux les plus populaires fonctionner sur un système UGC, ou contenu généré par l'utilisateur. UGC signifie que les personnes utilisant un site Web ou une application donnée (comme Facebook ou YouTube) créent du contenu avec lequel d'autres utilisateurs interagissent, et ainsi de suite, de manière cyclique sans fin. En raison de l'UGC, tous les sites de réseautage social les plus populaires sont gratuits et comptent sur la vente de publicités pour gagner de l'argent. De cette façon, les sites Web de réseautage social ne continuent d'exister que grâce aux entreprises qui choisissent de faire de la publicité avec eux. Le fait même que les entreprises continuent de faire de la publicité sur les applications sociales signifie que la publicité continue d'être une stratégie commerciale viable, tandis que les explosions dans les industries de la création de contenu et du marketing d'influence témoignent de la viabilité du contenu en tant que stratégie commerciale.

Comme indiqué, ce livre vise à fournir un guide complet sur le marketing numérique et des médias sociaux pour les petites entreprises. Il sera publié pour la première fois à l'automne 2022 et sera mis à jour chaque année pour refléter l'évolution rapide des domaines et des possibilités qu'il explore. Il se fondra sur les commentaires fournis par les propriétaires réels de petites entreprises. Pour fournir des commentaires et des conseils aux futurs entrepreneurs au fur et à mesure que vous et votre entreprise progressez en utilisant les méthodes et les stratégies présentées dans ce livre, veuillez nous envoyer un courriel concernant à la fois ce qui a fonctionné et ce qui n'a pas fonctionné, ou avec des questions, à team@smmfsb.com.

Impatient Nous avons divisé le texte en deux parties de haut niveau. Il établit un cadre stratégique conceptuel dans les quatre premiers chapitres. Il se poursuit ensuite avec une exploration détaillée du marketing des médias sociaux, de la publicité sociale, de la création de contenu et des sujets connexes englobés dans la sphère plus large du marketing numérique.

Ce livre a été écrit spécifiquement pour les propriétaires de petites entreprises et les entrepreneurs. Les petites entreprises et leurs propriétaires constituent l'épine dorsale de toute activité économique et ne devraient pas

se retrouvent limités sur le plan concurrentiel en raison d'un manque de connaissances. C'est l'objectif moteur de ce texte. Je prie pour que cela vous rende justice.

Commencez par Stratégie

Le travail n'est que la moitié de l'équation; Le travail intelligent est l'autre moitié. De même, la croissance de votre entreprise par des moyens numériques consiste tout autant à savoir quoi faire qu'à le faire. Même les stratégies numériques les mieux exécutées échouent si elles sont appliquées à des plateformes sous-optimales ou, pire encore, si elles sont conçues pour atteindre les mauvais objectifs.

Ces raisons sont la raison pour laquelle un tel accent est mis sur la stratégie tout au long de ce livre. Nous passerons à l'exécution et à tous les trucs et astuces sur le terrain, mais croyez-moi, cette réflexion de haut niveau est le point de départ de toute entreprise prospère, opérant dans n'importe quel domaine ou domaine.

Trois niveaux Établissez le profil stratégique de votre entreprise : stratégie de marque, stratégie numérique et stratégie sociale. Bien que l'accent principal de ce livre soit sur les deux derniers, nous allons parcourir les trois niveaux pour nous assurer que votre entreprise commence avec un travail de base solide.

Stratégie de marque

La stratégie de marque est une question d'identité. Il explore les questions de savoir ce qu'est votre entreprise, pourquoi elle existe et ce qu'elle essaie de réaliser. Définir votre stratégie de marque vous permet de communiquer avec force

votre marque, ce qui vous aidera à atteindre vos clients cibles et à développer votre entreprise.

Tout d'abord, qu'est-ce qu'une marque? Nous considérons votre marque comme la façon dont les gens (y compris vous) voient votre entreprise. La stratégie de marque consiste à envoyer des messages qui imprègnent les clients potentiels d'une vision favorable de votre entreprise: avant de partager ce message, cependant, vous devez vous assurer qu'il représente fidèlement votre entreprise et qu'il a du sens d'un point de vue marketing.

Pour créer votre stratégie de marque, posez-vous les questions suivantes : les questions suivantes. Il est recommandé d'articuler vos pensées dans un journal ou un espace expansif :

1. À qui s'adresse votre entreprise? Quel est le problème qu'il résout, ou dont il a besoin et qu'il veut résoudre?

2. Pourquoi les clients devraient-ils venir à vous plutôt que vos concurrents? Êtes-vous moins cher, de meilleure qualité ou meilleur pour l'environnement? Quelle est votre mission et quelles sont vos valeurs ?

3. Comment voulez-vous que votre entreprise se sente? Vous trouverez peut-être cet exercice étrange, mais essayez-le – imaginez la personnalité, le ton et l'ambiance de l'entreprise comme s'il s'agissait d'une personne.

Ces questions remplissent la partie conceptuelle de la stratégie de marque, qui peut être considérée comme l'essence de votre marque – en termes simples, c'est ce qui fait de votre entreprise ce qu'elle est. Ajoutez de la substance à ces idées dans les étapes suivantes:

1. Créez un argumentaire éclair pour votre entreprise en quelques phrases.

2. Choisissez quelques slogans forts qui communiquent l'objectif de votre entreprise.

3. Si vous ne l'avez pas déjà fait, assurez-vous d'avoir pensé à la palette de couleurs, au logo et à la typographie qui représentent le mieux votre entreprise.

En prenant ces mesures, vous devriez avoir une idée beaucoup plus claire, ou du moins une idée physiquement écrite, de ce qu'est votre entreprise et de la meilleure façon de la communiquer au monde.

Une fois cette étape terminée, nous pouvons passer à Passons à la stratégie numérique et à la stratégie sociale.

Stratégie numérique

La stratégie numérique est un art de l'absolu : avec le message et l'identité de votre marque clairement définis, la création de votre stratégie numérique concerne davantage les méthodes et principes numériques réels que vous utiliserez pour développer votre entreprise.

Stratégie digitale, comme pour toutes les stratégies appropriées, commence par des objectifs. Un deuxième élément souvent oublié doit également être incorporé, à savoir la clarté sur les indicateurs de performance clés réels (KPI) utilisés pour mesurer les progrès vers l'atteinte des objectifs numériques.

Pour identifier l'objectif de votre stratégie digitale, commencez par l'objectif de haut niveau de votre entreprise. Essayez-vous de gagner le plus d'argent possible? Êtes-vous moins intéressé par la croissance et préférez-vous donner la priorité à la stabilité? Ou essayez-vous d'atteindre le plus de gens possible?

Prenez le temps d'y réfléchir (soyez honnête avec vous-même!) et écrivez-le en une phrase.

Cette phrase constitue la base de toute votre stratégie numérique. Une erreur majeure de la plupart des entreprises en entrant dans l'espace numérique est qu'elles le font les yeux fermés – sur une certaine notion de suivre le temps mais sans aucune idée de la raison pour laquelle elles sont là, ces entreprises ne parviendront finalement pas à exploiter pleinement la gamme d'outils numériques à leur disposition en raison de leur manque de cohésion.

Il ne s'agit pas seulement d'avoir un objectif – une fois le vôtre identifié, travaillez à rebours pour spécifier les indicateurs sociaux clés que vous utiliserez pour mesurer vos progrès vers cet objectif. Voici quelques-unes des mesures les plus couramment utilisées par les entreprises pour mesurer leur succès numérique :

Vues: si votre objectif est de mettre autant d'yeux que possible sur votre entreprise, les vues sont ce dont il s'agit.

Appels de vente: si votre entreprise intègre des clients par le biais d'appels, le nombre d'appels (ou clients) générés numériquement est une excellente mesure à considérer.

Retour sur les dépenses publicitaires (ROAS) : si votre entreprise utilise des publicités, le ROAS est la principale mesure permettant de déterminer la rentabilité des publicités.[1]

Réunions réservées : si votre entreprise opère à partir d'un emplacement physique, le nombre de réunions réservées en ligne peut être votre principale mesure du succès.

Unités vendues: si votre entreprise vend des produits en ligne, plus il y a d'unités vendues, mieux c'est!

La liste ci-dessus peut ne pas inclure une mesure qui correspond à votre modèle d'entreprise. Si c'est le cas, commencez par votre objectif et posez-vous la question « De quoi mon entreprise a-t-elle besoin de plus pour atteindre ses objectifs ? »

Quelle que soit votre réponse, c'est probablement la mesure autour de laquelle votre stratégie de marque est construite.

La plupart des entreprises opérant en ligne n'ont pas cet élément essentiel en place: elles mesurent le succès par le nombre d'abonnés ou de vues qu'elles obtiennent, malgré ces chiffres tape-à-l'œil ne reflétant pas le succès de la stratégie numérique de l'entreprise, ni ne tenant compte des mesures qui contribuent de

---

[1] ACOS (coût publicitaire des ventes) est utilisé sur certaines plateformes.

manière significative à sa vision et à ses objectifs. Prenez un moment maintenant pour noter votre KPI.

Dans le cadre de votre stratégie numérique, vous savez maintenant clairement ce que vous essayez d'obtenir et comment vous mesurerez le succès. L'étape suivante consiste à déterminer quelles plateformes, méthodes et stratégies contribuent de manière optimale à la réalisation de votre KPI.

Notez qu'il existe deux catégories générales de stratégies numériques : Marketing payant et marketing biologique. Le marketing payant consiste en la publicité numérique (qui se présente sous de nombreuses formes, pensez-y). Le marketing organique concerne principalement l'établissement d'une présence sociale dans un premier temps, suivi de la création de contenu, et génère du trafic vers votre entreprise sans payer directement pour le trafic ou les prospects.

Avant de prendre une décision sur ce qui est le mieux pour votre entreprise, notez que Les bonnes stratégies numériques intègrent des éléments du marketing numérique organique et payant, souvent de manière interdépendante (par exemple, la publicité pour aider le contenu organique à mieux fonctionner). En outre, considérez qu'il est généralement préférable d'expérimenter avec chacun, car vous le ferez
Ne savez jamais vraiment ce qui aurait pu changer la donne à moins d'avoir essayé. Heureusement, la plupart des plates-formes publicitaires rendent l'expérimentation peu coûteuse et moins exigeante.

Bien que l'intégration d'éléments de chacun soit optimale, voici les profils des entreprises les mieux servies par chaque stratégie numérique globale :

Marketing numérique payant: presque toutes les entreprises peuvent être servies par un type de publicité en ligne.

Les annonces ciblées géographiquement fonctionnent mieux pour les entreprises opérant à partir d'un emplacement physique, telles que les magasins familiaux ou les détaillants de technologie.

Les publicités ciblées sur les centres d'intérêt, ainsi que les commandites et le marketing d'influence (que nous explorerons tous), fonctionnent mieux pour les entreprises offrant des produits ou des services qui peuvent être achetés en ligne, comme un artiste vendant des impressions de la nature ou un tuteur en ligne.

Marketing numérique organique: encore une fois, la plupart des entreprises peuvent bénéficier d'un certain type de marketing numérique organique. À un niveau de base, toutes les entreprises doivent s'assurer que les informations les concernant sont disponibles en ligne (ce que nous aborderons en détail dans la section suivante) et établir une liste de diffusion qui leur permet d'atteindre les clients avec des nouvelles, des mises à jour et des lancements d'affaires, et toute autre information pertinente.

À un deuxième niveau de marketing organique, toute entreprise qui bénéficie d'un engagement communautaire accru devrait régulièrement partager du contenu qui attire et développe sa communauté (en ligne ou hors ligne). Nous aborderons les types et les processus de création de contenu plus loin.

À un dernier niveau du marketing biologique, les entreprises qui vendent des produits ou des services en ligne devrait créer régulièrement du contenu conçu
pour développer une audience et la convertir en clients payants. Tout ce concept de construction d'entonnoir sera examiné en détail.

Avec tout cela à l'esprit, prenez un moment pour réfléchir et écrire les stratégies numériques qui serviront le mieux votre entreprise.

À présent, vous devriez avoir une idée claire de l'objectif que vous essayez d'atteindre, du KPI qui sert le mieux l'objectif et de la meilleure stratégie numérique pour maximiser ce KPI. Ces étapes vous amènent à un bon endroit en termes de vision numérique et de stratégie pour votre entreprise.

Tout en lisant à partir de maintenant, gardez à la fois votre stratégie de marque et votre stratégie numérique dans un coin de votre tête comme le cadre global à remplir par toutes les informations à venir.

Stratégie sociale

La stratégie des médias sociaux complète le dernier niveau de notre pyramide de stratégie numérique. Cela implique l'établissement de la présence sociale d'une entreprise, des plateformes sociales sur lesquelles l'entreprise devrait publier du contenu et de la stratégie de contenu. Vous établirez une stratégie de médias sociaux pour votre entreprise via le système MAGIC: objectifs, audience, support, contenu et mise en œuvre.

Les objectifs et **l'audience** ont déjà été introduits tout au long de la stratégie de marque et des exercices de stratégie numérique. Prenez le temps de les développer, surtout en ce qui concerne le public. Élargissez votre réflexion sur les personnes que votre entreprise sert en identifiant votre groupe démographique cible (les personnes que vous essayez d'atteindre) et leurs intérêts.

Ce sont les profils que vous utiliserez pour concevoir du contenu social et cibler les clients sur les plateformes de publicité payante.

De plus, assurez-vous que votre KPI de stratégie numérique a du sens dans un contexte de médias sociaux. Par exemple Transferts de « vues » sur

facilement en tant que KPI car il est utilisé dans un contexte numérique et social, mais quelque chose comme « réservations en ligne » est plus mesurable en tant que « link clinks » puisque les clics sur les liens intégrés dans les profils de médias sociaux sont l'action directe sur une plate-forme de médias sociaux qui mène au KPI global.

De cette manière, considérez les étapes que vous voulez que les clients prennent, et considérez la dernière étape que vous voulez que les clients prennent sur une plate-forme de médias sociaux. Ceci, en substance, est le KPI de votre entreprise dans le contexte des médias sociaux.

Ensuite, considérez les **médias sociaux,** ou plates-formes, à travers lesquels vous pouvez le mieux répondre à votre KPI de stratégie sociale. Certaines des plateformes que nous allons explorer exigent simplement que votre entreprise ait une présence via un profil inactif ou semi-actif. Ce seau de plates-formes ne nécessite pas de contenu créé spécifiquement pour elles, sauf si votre entreprise correspond au créneau de la plate-forme (prenez Pinterest et le design). Les quatre premières plates-formes que nous examinons (au-delà du site Web, ce qui est une exigence absolue) sont à usage général et nécessitent un contenu spécialisé si vous les reconnaissez comme un support social précieux pour votre entreprise. Les deux suivants sont moins importants, mais restent excellents (et finalement rentables) pour s'appuyer. Les deux derniers nécessitent des profils, mais n'ont pas besoin de contenu spécialisé à moins que cela ne corresponde à votre plan MAGIC.

Je ne peux pas insister sur l'importance d'avoir une présence sociale mise en place sur toutes ces plateformes. Cette étape du plan MAGIC est plutôt l'endroit où vous devriez décider sur quelles plates-formes vous engagerez votre entreprise à publier du contenu et à poursuivre activement la croissance.

Site Web : votre site Web est le visage numérique et le centre de votre entreprise. Il offre aux clients un moyen facile d'en apprendre davantage sur votre entreprise et de capturer toutes les informations dont ils pourraient avoir besoin. C'est aussi un Possibilité pour vous de vendre des produits ou des services en ligne, de publier du contenu, de créer une liste de diffusion et de diriger les téléspectateurs vers vos autres profils numériques. En résumé, toutes les entreprises doivent avoir un site Web de qualité de nos jours.

Instagram: Instagram est l'une des plateformes de médias sociaux les plus intégrées et les plus polyvalentes. Il a commencé comme une plate-forme de partage de photos, mais s'est étendu pour inclure une multitude de types de contenu via des bobines Instagram (vidéo courte), ou moins d'une minute), des vidéos Instagram (vidéo longue durée, ou plus d'une minute), les histoires (disparition de contenu photo/vidéo), les achats Instagram et Instagram live. De nombreuses entreprises peuvent répertorier leurs produits directement dans l'application Instagram. Quoi qu'il en soit, la production de contenu sur Instagram est un must pour presque toutes les petites entreprises, que votre objectif soit de créer un public ou de vous connecter avec les communautés locales.

Facebook : Facebook a été le premier service de médias sociaux au-delà des blogs à atteindre l'utilisation courante. Comme Instagram, il permet de partager plusieurs types de contenu, notamment du texte, des photos, des vidéos et des diffusions en direct. Facebook est un must pour toutes les petites entreprises.

Google : Votre profil d'entreprise Google est la façon dont les utilisateurs de Google (c'est-à-dire tout le monde) peuvent rapidement obtenir des informations sur votre entreprise via des moteurs de recherche tels que Chrome et Google Maps. Yelp fonctionne de la même manière que Google Business Profiles, et bien que cela ne soit pas couvert par le moment, envisagez de suivre le plan présenté dans la prochaine section de configuration du profil Google Business pour réclamer votre page Yelp à business.yelp.com.

Youtube: YouTube est le site de partage de vidéos par excellence composé principalement de vidéos longues (plus de dix minutes) ainsi que de vidéos courtes via des courts métrages YouTube. C'est un bon endroit pour héberger quelques visites guidées ou vidéos d'introduction pour votre entreprise. À une échelle plus grande ou plus cohérente, la production de vidéos YouTube de qualité est une tâche d'investissement élevé pour les entreprises qui opèrent en ligne; Prenez les éditeurs de logiciels ou les agences numériques. Les courts métrages YouTube, cependant, sont un endroit facile pour partager les vidéos courtes que votre entreprise crée, le cas échéant, pour une distribution principale sur d'autres plates-formes.

TikTok: TikTok est l'acteur dominant dans l'espace des formes courtes. Sa plate-forme publicitaire présente une opportunité majeure pour les entreprises qui vendent des produits ou des services en ligne, tandis que l'ensemble de la plate-forme est un excellent moyen de présenter des personnes à grande échelle à votre entreprise et à votre communauté.

LinkedIn : LinkedIn est la principale application de réseautage pour les entreprises et les professionnels; Tous les types de contenu peuvent y être partagés, et c'est un excellent moyen pour presque toutes les entreprises (et propriétaires de petites entreprises!) d'établir des liens professionnels, de recruter des talents et d'interagir avec un public local.

Gazouiller: Twitter est l'application classique de partage de texte de forme courte. C'est un excellent moyen de publier des mises à jour rapides sur vos produits, services et activités. Il est préférable pour les entreprises qui ne cherchent pas spécifiquement à atteindre un public local, mais plutôt à atteindre un public plus large non limité par la géographie.

Pinterest : Pinterest est une plateforme visuelle de partage de photos. C'est mieux pour les entreprises ayant une sorte d'identité physique attachée à leurs produits ou services, telles que les marques de mode, les gestionnaires immobiliers, etc., ainsi que pour toute entreprise ciblant principalement les femmes (85% des quelque 80 millions d'utilisateurs de Pinterest sont des femmes).

Avec ces descriptions à l'esprit, prenez le temps d'examiner les plateformes qui servent le mieux la maximisation de vos objectifs sociaux.

La prochaine étape du système MAGIC est le contenu. Cela se décompose en fonction du type de contenu et de la régularité du contenu que votre entreprise créera et partagera sur les plateformes identifiées. Le contenu se décompose en quatre catégories possibles :

Image: cette catégorie représente l'ensemble du contenu partagé sous forme de cadre fixe, qu'il s'agisse de photographies de produits ou d'images de conception graphique détaillant un message publicitaire.

Vidéo: cette catégorie comprend à la fois le contenu vidéo de courte durée (moins d'une minute) et le contenu long (plus d'une minute).

Rédaction: cette catégorie est large et comprend plusieurs types de contenu notables: e-mail, blog et texte étant les trois grands.

Audio: Bien que moins populaire pour les entreprises, le contenu audio se compose principalement de podcasts et d'événements audio en direct.

Le type de contenu que vous créez dépend des médias sociaux que vous avez choisis comme ceux à poursuivre. Voici les types de contenu présents sur chaque plate-forme décrite :

- Site internet
    - Tous les types de contenu
- Instagram (en anglais)
    - Photo, vidéo, live
- TikTok
    - Vidéo courte, en direct
- Facebook (en anglais)
    - Photo, vidéo, live
- Youtube
    - Vidéo, en direct
- Gazouiller
    - Court métrage d'écriture
- Connexion
    - Écriture, vidéo, live
- Pinterest (en anglais)
    - Photo, vidéo

Les meilleures pratiques en matière de création de contenu sont explorées plus loin dans le livre. Pour l'instant, notez les types de contenu que votre entreprise produira et partagera.

À ce stade, vous savez ce que vous visez, pour qui vous produisez du contenu, sur quelles plateformes vous allez partager le contenu et quelle forme prend ce contenu.

La dernière étape du système MAGIC consiste à déterminer la **mise en œuvre**. La mise en œuvre fait référence aux processus qui doivent être mis en place pour transformer votre stratégie numérique et sociale en réalité dans votre entreprise.

Cela varie considérablement selon le type d'entreprise: un seul entrepreneur qui dirige son entreprise de tutorat en ligne ne fonctionnera pas de la même manière qu'une entreprise de comptabilité de trente personnes, par exemple, en matière de publicité ou de création de contenu. Nous explorerons des moyens de maximiser l'efficacité des processus tels que la création de contenu tout au long du chapitre six.

En règle générale, les systèmes et les pratiques que vous devrez prendre en compte en matière de médias sociaux se résument à ce qui suit :

Gestion technique : qui peut gérer les profondeurs d'un site WordPress ou Shopify ? Ceci est nécessaire au strict minimum lors de la création d'un site Web ou de tout autre processus numérique nécessitant des connaissances techniques (sauf si vous ou votre personnel êtes prêts à apprendre vous-mêmes) et doit être présent à un certain niveau par la suite pour éviter que de simples erreurs techniques ne fassent boule de neige en obstacles inutiles (par exemple, ne pas activer les mises à jour automatiques pour les plugins WordPress et planter le site Web en conséquence).

Idéation et itération de contenu : l'idéation et la création sont mieux considérées comme des processus distincts. En tant qu'influenceur de longue date, j'ai constaté que le fait de traiter l'idéation et la création de contenu dans la même fenêtre est inutilement stressant et entraîne presque toujours un contenu de qualité inférieure. La création de contenu future doit être liée à l'analyse et aux performances du contenu récent (par exemple, si une vidéo explose, produisez plus de vidéos avec un style ou un message similaire, tandis que si une vidéo ne fonctionne pas bien, arrêtez de produire ce type de contenu).

Création de contenu: cela peut prendre plusieurs formes, car il s'agit de créer du contenu à travers une multitude de types de contenu différents: écriture, photo, vidéo, etc.

Planification, publication et gestion : publication de contenu, réponse aux commentaires et aux messages, mise à jour des profils, etc. Ce travail est peu qualifié, bien qu'il nécessite un certain degré de capacité de communication, ainsi que la connaissance de l'entreprise, compte tenu de ses interactions régulières avec les clients.

Budget : de nombreux processus de médias sociaux peuvent être externalisés ou automatisés. Cela a un prix, même en dehors du coût de la publicité payante. Que les dépenses proviennent de la main-d'œuvre ou de la publicité, s'assurer que les efforts numériques de votre entreprise sont rentables et ajuster les budgets correspondants en fonction de ces informations est un processus régulier qu'il est important de mettre en œuvre.

Bien que ces processus couvrent la plupart des besoins de votre entreprise pour des opérations réussies, vous devrez peut-être créer des systèmes alternatifs pour gérer d'autres tâches qui se présentent. Dans de tels cas, essayez d'automatiser et de rationaliser autant que possible tout en maintenant une vision et une mission cohérentes à tous les niveaux. En guise de conseil rapide, gardez à l'esprit que les jeunes sont souvent prêts à travailler comme stagiaires non rémunérés lorsqu'il s'agit de travailler sur les médias sociaux.

Nous sommes maintenant arrivés à la fin du système MAGIC. Vous devriez avoir une idée claire de ce qui suit:

- Ce que votre entreprise vise à réaliser sur les médias sociaux et dans l'environnement numérique.
- Le type de personnes que vous atteindrez.
- Les plateformes sur lesquelles vous progresserez.
- Le type de contenu que vous allez créer.
- Les processus que vous mettrez en œuvre dans votre entreprise pour que tout cela se produise.

Maintenant, vous avez terminé les trois niveaux stratégiques. Vous savez clairement qui vous êtes et ce que vous ferez en tant qu'entreprise opérant en ligne.

Il ne reste plus qu'à le faire : le reste du livre est une plongée profonde dans la concrétisation des étapes que vous avez décrites, en commençant par un guide pour mettre en place une présence numérique pour votre entreprise.

Les trois niveaux de stratégie.

Établir votre présence numérique

Rans stratégie de contenu ou de médias sociaux, une étape nécessaire pour toutes les petites entreprises est l'établissement de leur présence numérique par la création de profils sociaux sur les plates-formes énumérées au chapitre trois. Cela sert plusieurs objectifs: il offre une plus grande exposition pour l'entreprise à travers les moteurs de recherche, garantit que des informations peuvent être trouvées sur l'entreprise et sécurise les noms d'utilisateur, ainsi que les comptes, pour une utilisation future.

Il est important de configurer des profils sociaux de manière à fournir aux téléspectateurs un degré d'information de base sur votre entreprise et à se classer bien dans les algorithmes. Cela garantit que si les gens recherchent votre entreprise ou un service / produit du type que vous fournissez n'importe où en ligne, votre profil apparaîtra près du sommet. Encore une fois, quelle que soit votre stratégie de contenu, il s'agit d'un impératif absolu.

Chaque plateforme a ses propres meilleures pratiques pour configurer des profils. Dans l'ensemble, visez à obtenir le nom d'utilisateur qui représente le mieux votre entreprise. Excluez les nombres et les traits de soulignement dans la mesure du possible et limitez la longueur. Considérez quelques exemples (en rouge sont les noms d'utilisateur que vous n'utiliseriez pas, en vert sont les noms d'utilisateur que vous utiliseriez):

Mary'sB&B: mary_bed_breakfast | marysbedandbreakfast | marysbnb
Omni: omninewyork | omni2 | omni_besttech | omni
Wholer Foods : wholerfoods4u | wholer_foods_nyu | Wholerfoods

Dans l'ensemble, vous aurez besoin d'une photo de profil de qualité. Vous en ferez généralement votre logo d'entreprise - gardez simplement à l'esprit que plus il est clair et moins il est encombré, mieux c'est. Assurez-vous de personnaliser votre logo s'il ne rentrerait pas dans un paramètre de photo de profil.

Les noms d'utilisateur et les photos de profil sont les éléments essentiels de la multiplateforme : voici les meilleures pratiques pour configurer des profils sociaux par plate-forme, classés par ordre d'importance : [2]

Google Business

Les profils d'entreprise sont un service offert par Google pour rendre votre entreprise consultable dans les moteurs de recherche et les applications cartographiques. Si votre entreprise a un emplacement

---

[2] Sur toutes les plateformes, essayez de vérifier votre profil. Cela nécessite généralement que votre entreprise ait été présentée dans des articles publiés par de grandes organisations médiatiques. Bien que les instructions pour se faire vérifier varient d'une plate-forme à l'autre, assurez-vous de vous renseigner sur le processus et de soumettre une demande de vérification une fois que votre entreprise répond aux exigences en matière de médias.

physique, il s'agit d'une première étape essentielle et garantie de générer plus de trafic vers votre emplacement. Les profils d'entreprise sont également l'endroit où les clients peuvent laisser des commentaires sur leur expérience, ce qui peut servir de preuve sociale pour convertir le trafic numérique en clients réels. En tant que propriétaire de votre profil professionnel, vous pouvez répondre aux questions, répondre aux avis, configurer des alertes, activer la messagerie directe et publier des publications.

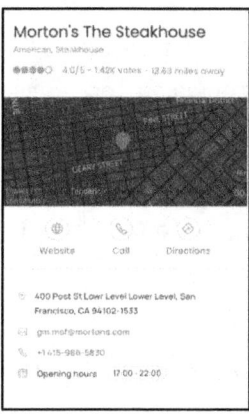
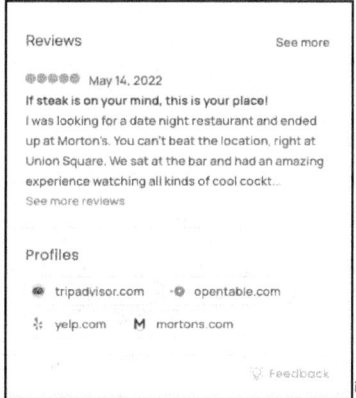

Notez ce profil Google Business pour Morton's Steakhouse, qui apparaît lorsque les habitants recherchent « steakhouse » ou « steak près de chez moi ». De cette manière, les profils Google Business présentent efficacement les clients au restaurant et les conduisent à l'emplacement physique.

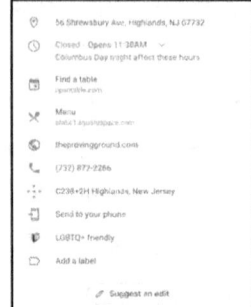
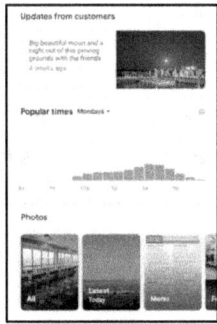

Ce profil Google Business est consultable sur Google Maps. Il fournit des informations utiles aux clients potentiels, telles que les heures, les moyens de contact, les heures populaires et les liens de réservation.

Sur Google, les profils d'entreprise sont associés à l'emplacement physique, au nom et à la catégorie de l'entreprise. N'importe qui peut soumettre un emplacement pour un profil d'entreprise, ce qui signifie que votre entreprise peut ont déjà un profil. Si c'est le cas, vous devrez revendiquer le profil et le développer. Sinon, vous devrez en créer un pour votre entreprise.

Pour revendiquer un profil, recherchez d'abord votre entreprise (via l'adresse ou le nom) sur Google Maps. Ensuite, cliquez sur « revendiquer ce profil » et suivez les instructions.

Pour créer un profil, allez sur google.com/business et cliquez sur « Gérer maintenant ». Cliquez sur « ajouter votre entreprise à Google » et remplissez les informations nécessaires. Cela inclut le nom de l'entreprise, l'adresse, la zone de service, la catégorie d'entreprise et les coordonnées.

Une fois que vous avez créé ou revendiqué votre profil, optimisez-le pour qu'il fonctionne bien dans les moteurs de recherche en procédant comme suit:

Logo et description. Ce sont les bases. Ajoutez un logo visuellement agréable et une description qui couvre les activités et les offres de l'entreprise. Considérez la description comme un argumentaire éclair : faites passer l'idée et la proposition de valeur d'une manière concise, grammaticalement correcte et conviviale pour les algorithmes.[3]

Ajoutez des photos et des vidéos. Les aides visuelles ajoutent de la profondeur, améliorent la légitimité et attirent l'attention. Incluez du contenu qui couvre l'extérieur de l'emplacement physique de l'entreprise (le cas échéant), l'intérieur, les produits ou services offerts et l'équipe.

Coordonnées. Ajoutez des heures d'ouverture et des coordonnées. Pour suivre les appels provenant du profil d'entreprise, ajoutez un numéro unique qui n'est affiché nulle part ailleurs.[4]

Acquérir et gérer les avis. Incitez les clients d'une manière ou d'une autre à laisser un avis ou demandez aux habitués et aux amis de

---

[3] Par algorithme, j'entends décrire l'entreprise et les activités commerciales à l'aide de mots-clés courants et d'entrées de recherche, pas le temps pour les grands mots!

[4] Bien que Google My Business fournisse des analyses d'attribution d'appels dans le rapport Insights, il ne couvre que les appareils mobiles click-to-call, pas tous les appels effectués via ce numéro.

laisser des avis. Vous voudrez rassembler au moins quelques dizaines de critiques 4,5+ étoiles avant que la preuve sociale ne soit largement réalisée. Par la suite, obtenir plus d'avis n'a pas besoin d'être une priorité. De plus, prenez le temps de répondre aux avis, qu'ils soient positifs ou négatifs.

Ajoutez des produits et des services. Il s'agit d'une fonctionnalité considérablement sous-utilisée, alors profitez-en pleinement. Dans le tableau de bord Google My Business, accédez à « produits » dans le menu de gauche. L'onglet produits vous permet d'ajouter des marchandises (physiques et numériques) et des services directement à votre profil GMB (les restaurants doivent ajouter des offres sous les plats populaires et les fonctions de menu, pas par le biais de produits). Il s'agit d'un outil puissant car les produits répertoriés peuvent se classer directement dans les résultats de recherche, envoyant ainsi des clients à votre façon qui recherchent non seulement votre entreprise ou votre catégorie d'entreprise, mais également des produits spécifiques. Lorsque vous listez des produits et services, assurez-vous que vos photos sont nombreuses et de haute qualité. Embaucher un photographe ou travailler avec un ami amateur en vaut la peine. Comme dans la description du profil Google Business, essayez d'incorporer des mots-clés dans le nom et la description du produit (dans un délai raisonnable). étendue – la surcharge est contre-productive). Vous avez 1000 caractères pour décrire le produit, alors profitez pleinement de cet espace. De plus, bien que vous ne soyez pas obligé d'ajouter des informations de tarification, il est bon de le faire si votre tarification ne change pas souvent. Enfin, choisissez un bouton d'appel à l'action qui s'adapte à votre entonnoir; Si vous vendez en ligne, le bouton

« Commander en ligne » est généralement le plus performant, tandis que si vous ne vendez qu'à un emplacement physique, « En savoir plus » ou « Acheter » est la voie à suivre (ces boutons devraient ensuite rediriger vers une page de destination encourageant les clients à s'engager physiquement avec votre entreprise). En utilisant ces conseils, répertoriez les produits et services au volume maximal autorisé par votre entreprise, car plus d'annonces ne serviront qu'à augmenter le classement et à générer plus de trafic.

Vérifiez régulièrement les informations. Sous Analytics dans le tableau de bord Google My Business, vous pouvez voir les entrées de recherche que les clients saisissent pour trouver votre profil d'entreprise, les actions qu'ils effectuent une fois sur le profil et les performances relatives du contenu sur le profil. Vérifiez ces analyses à intervalles réguliers pour identifier les tendances dans l'intérêt des clients. Utilisez ces informations pour optimiser davantage votre profil GMB, ainsi que votre présence sociale plus grande.

Instagram (en anglais)

La configuration d'un profil Instagram optimisé commence par le nom d'utilisateur. Choisissez un nom d'utilisateur et une photo de profil conformément aux directives de bonnes pratiques de la page vingt-deux. Choisissez une catégorie qui représente votre entreprise et assurez-vous que la catégorie est définie sur public sur le profil. De même, entrez le nom complet de l'entreprise ou le slogan de l'entreprise dans la section « nom » (surtout si le nom est trop long pour fonctionner comme nom d'utilisateur) et liez la page d'accueil de votre entreprise dans la section du site Web.

Utilisez la structure suivante comme point de départ pour rédiger votre description Instagram:

- Commencez par une ou deux lignes qui mettent en évidence les services ou les produits fournis par votre entreprise et identifient votre public cible. Ne rendez pas cela trop long ou verbeux: concentrez-vous sur la simplicité et la clarté.
- Incluez un appel à l'action dérivé de votre stratégie numérique. Essayez-vous d'attirer des téléspectateurs et des abonnés sociaux sur votre site Web? Essayez-vous de les amener à organiser un appel avec vous ou à visiter l'emplacement physique de votre entreprise? Quoi qu'il en soit, utilisez cette ligne pour inciter ou inciter les téléspectateurs à emprunter cette voie.

- Si vous avez une promotion spéciale, une offre ou un nouveau produit / service lancé bientôt, envisagez de le mettre dans la bio en tant que ligne.
- Dans l'ensemble, incorporez des emojis pour ajouter de la couleur et du piquant, et incorporez des mots-clés qui décrivent votre entreprise et ses offres.

Notez les choses à faire et à ne pas faire suivantes :

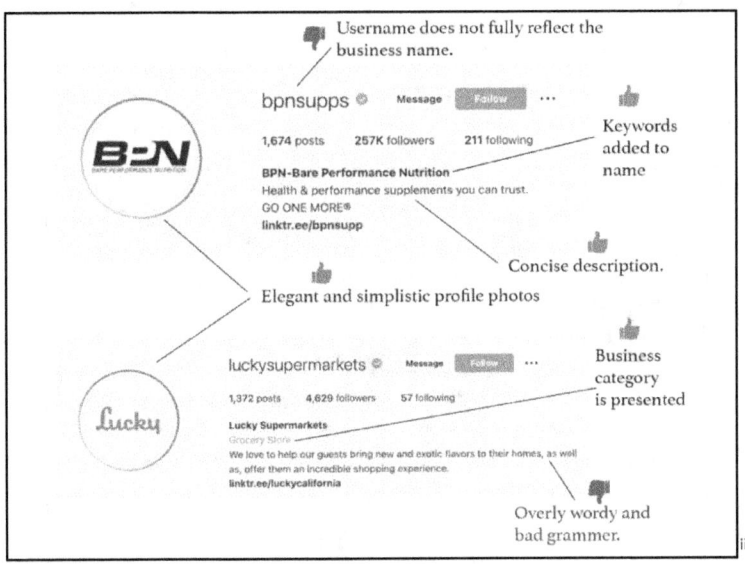

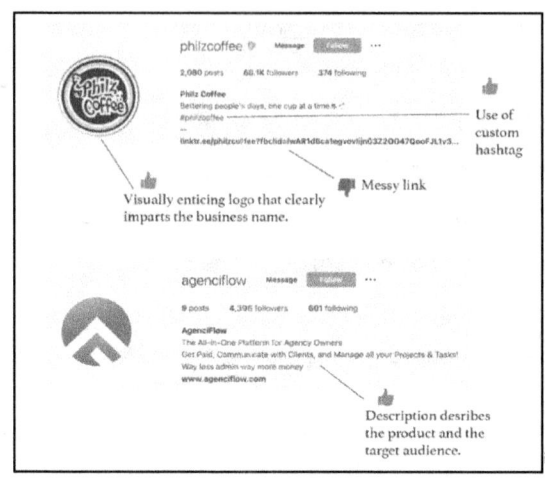

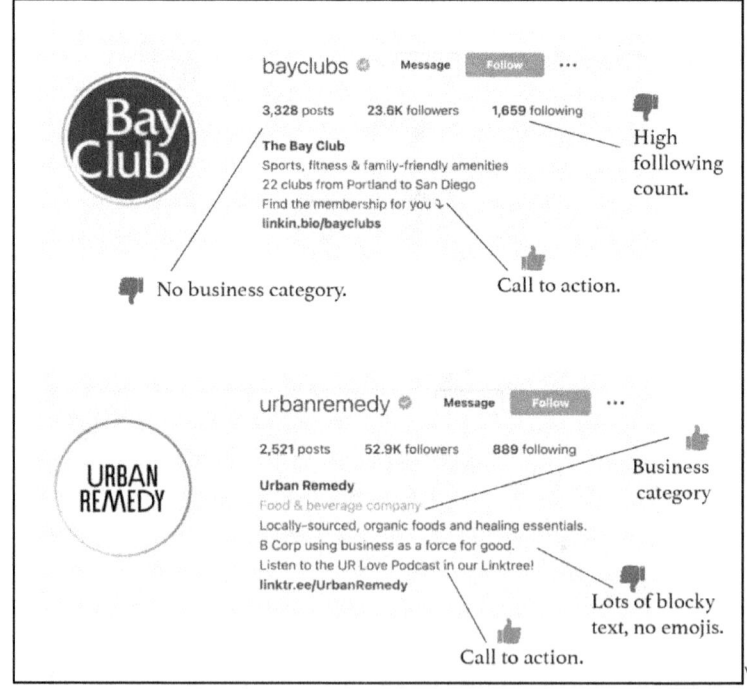

Une fois votre biographie terminée, accédez aux paramètres > compte > passez au compte professionnel. Cela transfère votre page Instagram d'un compte personnel à un compte professionnel et vous permet de vous connecter au compte Facebook associé de votre entreprise. Les comptes professionnels sur Instagram ont accès aux informations sur les publications et les abonnés, aux promotions et aux options de contact de profil.

Une fois la page migrée vers un compte professionnel, ajoutez des options de contact à votre profil. Il est préférable d'ajouter un numéro de téléphone, une adresse e-mail et un itinéraire à votre emplacement physique (si cela s'applique à votre entreprise). Ces options de contact sont une étape importante dans la conversion des téléspectateurs sociaux et des abonnés sur Instagram en clients.

À ce stade, le profil Instagram de votre entreprise devrait avoir les éléments suivants:

- Nom d'utilisateur.
- Photo de profil succincte et visuellement attrayante.
- Catégorie d'entreprise.
- Nom de l'entreprise ou slogan (ligne de nom).
- Description qui présente l'entreprise et les offres associées, indique le public cible et présente un appel à l'action.
- Conversion en compte professionnel.
- Options de contact.

La plupart de votre travail est effectué en termes de configuration de profil réel. Cela dit, lors du démarrage d'un compte, il est recommandé de créer quelques publications d'introduction, ce qui garantit que vous ne partez pas de zéro publication lors du partage du compte. Ceux-ci doivent fournir une couche de base d'informations et de contenu sur votre entreprise, comme l'emplacement physique (s'il y en a un), l'équipe ou les fondateurs, le site Web, un joli jeu de diapositives ou un événement. Publiez au moins trois messages de ce type (les carrousels sont préférables, mais pas impératifs) conformément à la création du profil.[5] Une fois terminé, votre profil Instagram professionnel est prêt pour le monde.

Connexion

LinkedIn est le réseau social pour les professionnels. Bien qu'il soit connu pour sa popularité parmi la communauté technologique, LinkedIn atteint une vaste communauté de plus de 800 millions de membres et 58 millions d'entreprises enregistrées. HubSpot a constaté que LinkedIn est 277% plus efficace pour générer des prospects que Facebook et Twitter, tandis que 80% des prospects B2B proviennent de LinkedIn - pour toutes ces raisons et bien plus encore, LinkedIn est un puissant outil de réseautage et de marketing

---

[5] Les carrousels font référence aux publications Instagram contenant plus d'une photo.

non seulement pour votre marque personnelle, mais pour votre entreprise.[6]

Les entreprises sur LinkedIn peuvent créer une page d'entreprise pour promouvoir leurs produits ou services, publier et partager du contenu, identifier les opportunités B2B, accroître la présence dans les recherches et identifier les candidats.[7]

Pour créer une page professionnelle LinkedIn, vous devez remplir les conditions suivantes :

- Maintenez un profil LinkedIn personnel pendant au moins sept jours, connectez-vous avec des associés et obtenez une force de profil d'au moins « intermédiaire ».

- Maintenez un site Web et un courriel d'entreprise, et inscrivez-vous comme un employé actuel de votre entreprise dans la section « expérience » de votre profil LinkedIn.

Ensuite, cliquez sur l'icône « travail » dans le coin supérieur droit de votre tableau de bord LinkedIn et cliquez sur le bouton « créer une page d'entreprise ». Choisissez « petite entreprise », remplissez le

---

[6] HubSpot a estimé le taux de conversion des visites en prospects de LinkedIn à 2,74% contre 0,77% pour Facebook et 0,69% pour Twitter.

[7] Notamment à travers les pages LinkedIn Showcase, qui sont une extension des pages professionnelles LinkedIn qui mettent l'accent et promeuvent une certaine marque ou un certain produit.

profil de l'entreprise et cliquez sur « créer une page ». Pour optimiser complètement la page, procédez comme suit :

- Ajoutez une photo de couverture sur mesure (1584px x 396px). Cette image doit se concentrer sur un élément central ou sur votre entreprise ou produit et viser à minimiser les éléments distrayants.

- Rédigez un résumé dans la section « À propos » détaillant clairement l'histoire et les produits ou services de votre entreprise. Incorporez des mots-clés (comme toujours, dans une mesure raisonnable) dans le résumé.

- Si vous avez des employés, assurez-vous qu'ils ont des profils LinkedIn personnels et indiquez votre entreprise comme lieu de travail. Assurez-vous d'ajouter un bouton « suivez-nous sur LinkedIn » à votre site Web.

- Si vous cherchez à embaucher (ou si vous vous trouvez dans une telle situation), vous pouvez attirer des employés via une page carrière, qui présente l'histoire, les valeurs et les opportunités d'emploi de votre entreprise aux candidats potentiels. Je peux personnellement en témoigner – j'ai trouvé mon tout premier emploi grâce à LinkedIn.

- Créez et rejoignez des groupes LinkedIn. Envisagez de créer un groupe LinkedIn pour votre entreprise ou un sujet lié à l'entreprise.

- Tirez parti des outils de suivi et d'analyse de LinkedIn, principalement l'analyse de la page d'entreprise, pour découvrir comment les abonnés interagissent avec votre page et votre contenu (et pour recueillir des informations démographiques).

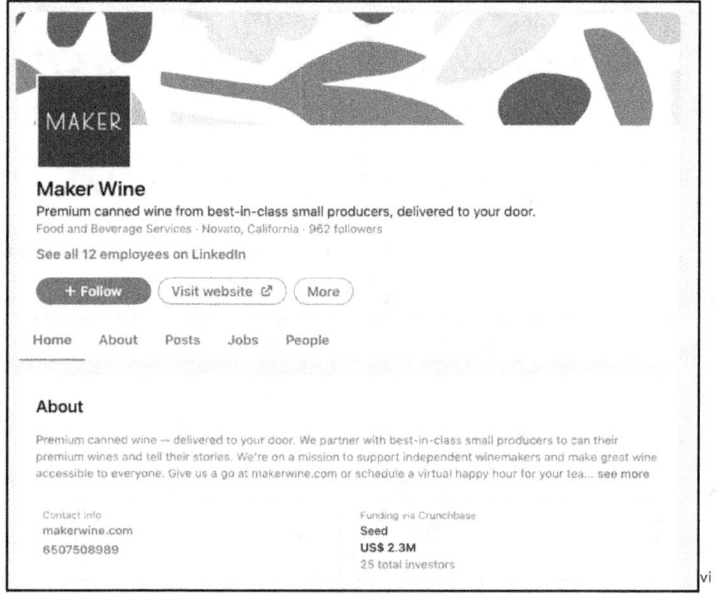

vi

Notez que le profil a une longue description, des informations de contact et des statistiques de financement à l'épreuve sociale.

Ces étapes garantissent que votre entreprise se classera de manière organique sur les principaux moteurs de recherche et dans LinkedIn. Pour entrer en contact avec les professionnels et les entreprises de l'écosystème LinkedIn, ainsi que pour faire connaître de nouveaux événements ou offres, rester en contact avec les clients actuels et générer du trafic dans l'entonnoir, il est préférable de publier régulièrement du contenu sur LinkedIn.

Si vous avez déjà un blog sur votre site Web, vous pouvez facilement réutiliser le contenu à publier sur LinkedIn. Sinon, cela peut être une bonne idée

Pour créer du contenu vous-même, externaliser la création de contenu ou travailler avec un stagiaire ou une autre solution à faible coût pour générer du contenu personnalisé. Bien que nous aborderons davantage l'art de la création de contenu minimisé et de résultats maximisés dans d'autres sections, gardez ces idées dans un coin de votre tête pour le moment.

Dans l'ensemble, LinkedIn est la condition pratique requise pour les entreprises modernes avec une présence numérique. Tout en capitalisant sur le réseau professionnel disponible sur LinkedIn, assurez-vous de ne pas vous concentrer sur les indicateurs LinkedIn de base comme mesure de base du succès (vues, abonnés, etc.), mais sur la mesure dans laquelle vous pouvez présenter votre entreprise aux téléspectateurs, établir d'autres connexions et acquérir des clients à long terme.

Facebook (en anglais)

Facebook est la plus grande plate-forme de médias sociaux au monde selon presque tous les paramètres - avec 2,91 milliards d'utilisateurs actifs mensuels, Facebook est un incontournable pour les entreprises de toutes tailles. L'établissement de votre entreprise sur Facebook commence par une page Facebook, qui est nécessaire pour lancer des publicités en plus de capturer les avantages tirés de l'accumulation de l'exposition communautaire et sociale. Les pages professionnelles Facebook sont connectées à des comptes Facebook personnels. Une fois connecté à votre compte, visitez facebook.com/pages/creation pour créer une page d'entreprise. Ajoutez le nom de la page (le nom de votre entreprise) et les photos de couverture. Remplissez la section « À propos » avec les détails et l'adresse de votre entreprise, vos coordonnées, votre site Web et vos heures. Les sections suivantes constituent votre nouvelle page d'entreprise :

Communauté: cette section est généralement la deuxième après la page d'accueil en termes de trafic et c'est là que les messages, ainsi que le contenu photo et vidéo, s'affichent

en haut. Ce contenu peut être créé par les clients, pas seulement les administrateurs de la page, et offre la possibilité d'interagir directement avec les clients.

Événements: la section des événements vous offre un espace pour présenter et promouvoir les événements d'entreprise ou communautaires à venir. Vous pouvez également inviter des personnes à des événements une fois créés.

Avis : cet onglet permet aux clients de laisser des avis sur votre entreprise et votre service. Bien que vous puissiez masquer l'onglet Avis, ces avis apparaissent en haut de votre page, et les bons avis sont un puissant indicateur de preuve sociale.

Services : vous pouvez remplir cette section pour fournir des informations sur les services offerts par votre entreprise. Cela inclut les informations sur les prix.

Boutique : sous l'onglet boutique, vous pouvez vous engager dans le commerce électronique en listant directement vos produits. Les clients peuvent acheter directement à partir de la page et les ventes sont envoyées directement sur votre compte bancaire dans une incursion facile dans le commerce électronique.

Offres: cette section vous permet de publier des offres spéciales ou des réductions et présente un excellent moyen d'obtenir de l'engagement sur votre page, car les clients sont incités à décrocher des offres au fur et à mesure qu'elles se présentent.

Assurez-vous de remplir les sections qui correspondent à votre entonnoir et à votre stratégie numérique – par exemple, si votre entreprise peut bénéficier de l'offre de commerce électronique aux clients, vous tirerez davantage parti de la page « boutique » Facebook que, disons, d'un salon de coiffure. Développez votre page
de manière organique par le biais de contenu et d'interagir avec les clients autant que possible.

L'utilité de Facebook, au-delà de la capacité à créer et gérer une communauté, vient des publicités Facebook et Instagram. Les deux sont des outils puissants pour pousser le contenu vers les utilisateurs chaleureux (par exemple, les personnes de votre communauté géographique ou les personnes les plus susceptibles de vouloir vos produits ou services) à grande échelle.[8] Nous allons omettre une discussion sur ces outils maintenant car elle est à venir dans le chapitre 8.

---

[8] En fait, 75% des marques font la promotion de leurs publications Facebook selon Brandwatch.

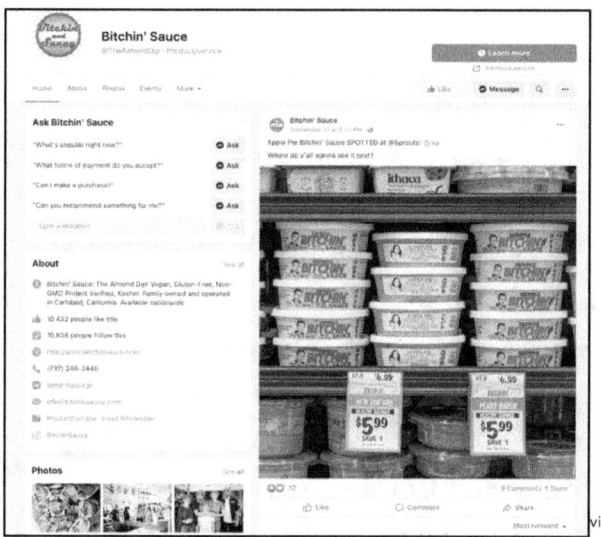

Notez comment @TheAlmondDip engage son public par le biais de questions, remplit son profil et partage régulièrement du contenu.

Pinterest (en anglais)

Les comptes professionnels Pinterest offrent des analyses, des options publicitaires, différents types de contenu et un accès anticipé aux nouvelles fonctionnalités. Pour créer un compte Pinterest professionnel, accédez à business.pinterest.com. Remplissez les paramètres de base et confirmez le site Web de votre entreprise. Cela vous permet de suivre le contenu que les gens épinglent à partir de votre site Web et d'accéder à d'autres analyses multiplateformes. Enfin, connectez vos autres comptes sociaux au profil Pinterest, ce qui facilite le partage de contenu multiplateforme, et envisagez de créer des tableaux initiaux (ainsi que des épingles achetables, selon votre entreprise).

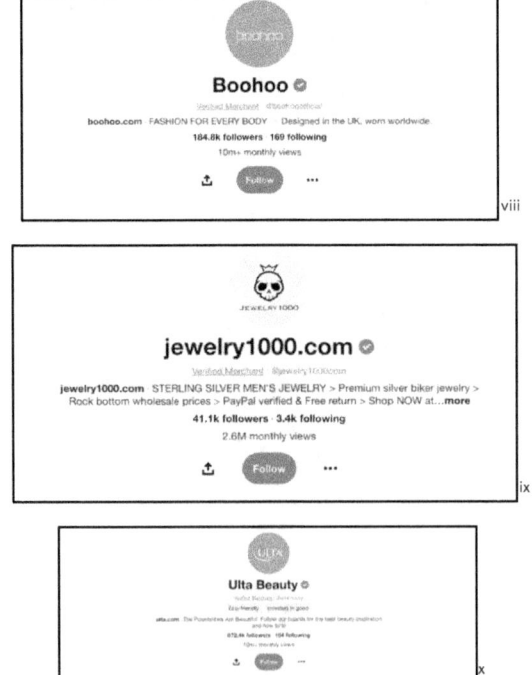

Youtube

YouTube est beaucoup plus sur la conception vidéo appropriée que la conception de profil. Pourtant, les fondamentaux sont importants. Lorsque vous configurez une chaîne YouTube professionnelle, connectez-vous d'abord à YouTube via le compte Gmail associé à votre entreprise. Ensuite, cliquez sur « ma chaîne » dans les options déroulantes sous l'icône dans le coin supérieur droit de l'écran. Cliquez sur « utiliser un nom d'entreprise ou autre » en bas à gauche et suivez les instructions pour créer un compte de marque.

Une fois le compte de marque configuré, remplissez le profil via l'icône de la chaîne, équivalente à une photo de profil, et une illustration de chaîne (par exemple, l'image de la bannière). [9] Ensuite, remplissez la description de la chaîne - cette section à propos offre beaucoup plus d'espace que les autres plates-formes, alors envisagez de copier le texte « à propos » du site Web de votre entreprise ou de développer le texte biographique dérivé d'un autre profil sur l'entreprise. Vous pouvez également ajouter une multitude de liens dans cette section. Assurez-vous de lier votre site Web, votre profil d'entreprise Google et tous les autres liens que vous considérez comme essentiels à votre entreprise et à votre entonnoir. Notez que les comptes sociaux sont liés à la bannière sur la page d'accueil de votre chaîne pour une plus grande visibilité.

Enfin, notez que YouTube offre de l'espace pour une « bande-annonce de chaîne » sur la page d'accueil de votre chaîne. Il s'agit de la vidéo qui est montrée aux nouveaux spectateurs sur

---

[9] Les icônes et bannières des chaînes sont respectivement dimensionnées à 800x800 et 1546x423 pixels.

votre page. Il est préférable de configurer cette bande-annonce avant de publier d'autres contenus afin de maximiser les conversions. Essayez de rendre cette vidéo intéressante; Pensez-y comme une première impression. De cette manière, par opposition à une simple introduction au site Web de votre entreprise,

, ou emplacement, envisagez une visite guidée de votre emplacement physique (si vous en avez un), une entrevue avec les membres de l'équipe, un vlog de la vie quotidienne d'un PDG, ou quelque chose du genre. Une bande-annonce de chaîne attrayante, même si vous ne produisez pas régulièrement de contenu sur YouTube, contribue grandement à promouvoir votre page YouTube en tant que nœud de votre présence sociale plus large.[10]

Dans les exemples ci-dessous, notez l'utilisation de l'icône et de l'illustration de la chaîne, des liens sociaux et du site Web en bas à droite de la bannière de l'illustration et de la bande-annonce attrayante de la chaîne.

---

[10] Vous configurerez également des playlists et diverses sections de chaînes si ou quand votre entreprise commence à créer du contenu sur YouTube.

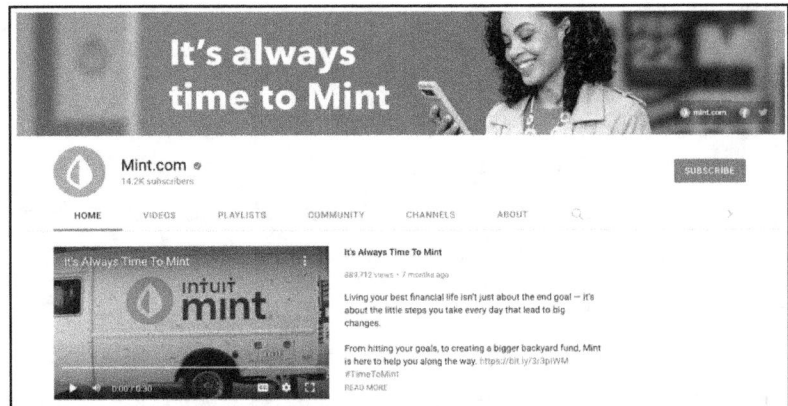

xi

xii

xiii

TikTok

TikTok est simple en termes de configuration de profil. Choisissez simplement un nom d'utilisateur et une photo de profil conformément aux meilleures pratiques désormais établies en matière de nom d'utilisateur / photo de profil et rédigez une biographie de moins de 80 caractères présentant votre entreprise. Cela doit être court et accrocheur - il n'y a même pas de place pour un descripteur de style Instagram. Incluez des emojis et notez que le placement des mots-clés n'est absolument pas pertinent. Envisagez d'inclure un appel à l'action sous la forme d'un lien bio (le site Web, la page de produit / service ou la page de destination personnalisée est préférable) et d'un slogan, tel que « offre ci-dessous » ou « Instagram ». Utilisez quelques flèches vers le bas comme dernière ligne du texte biographique. Enfin, assurez-vous de passer du profil d'un compte personnel à un compte professionnel TikTok. Cela permet des analyses, un bouton de contact par e-mail et la mise en œuvre du lien vers le site Web.

Gazouiller

Établir une présence sur Twitter est tout aussi minimaliste; Choisissez simplement un nom d'utilisateur et insérez une photo de profil, un graphique d'en-tête, un emplacement, une biographie et un site Web. Gardez la bio courte; L'humour interjecté est courant sur la plate-forme (notez le deuxième profil ci-dessous).

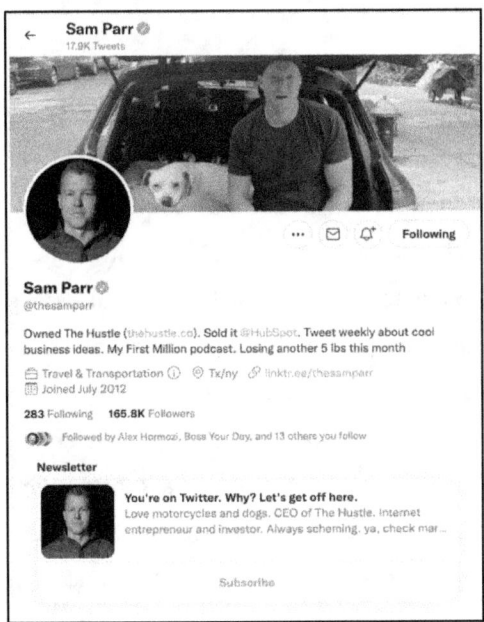

Twitter complète notre regard sur l'établissement de profils sociaux pour votre entreprise. À l'issue des étapes précédentes, votre entreprise dispose d'une présence sociale dynamique couvrant toutes les principales plateformes médiatiques. Votre entreprise commencera à se classer socialement sur tous les moteurs de recherche et les plateformes sociales sur lesquelles vous maintenez une présence.

Cela présente des avantages innés : une plus grande visibilité conduisant à plus de clients. Cependant, l'établissement d'une présence sociale n'est que la première étape d'une stratégie numérique intelligente – la création de contenu social et de publicité sur les médias sociaux complète une stratégie conçue pour permettre et encourager une échelle bien au-delà de ce qui est possible uniquement par le maintien d'une présence sociale. Les prochaines parties de ce livre se concentreront sur ces impératifs: d'abord sur la construction de l'audience (équivalent dans le concept au marketing organique), puis sur le marketing numérique payant, et enfin sur les stratégies de marketing de base qui exploitent les réseaux sociaux de manière peu commune, mais particulièrement efficace.

Construire un public

Et Établir votre présence numérique est une première étape percutante pour assurer une exposition et gagner plus de clients. Cependant, vos profils ne peuvent pas faire grand-chose : pour développer massivement votre entreprise par des moyens numériques, deux chemins peuvent être empruntés.

Ces deux voies sont la construction d'audience et la publicité, qui peut essentiellement être considérée comme du « marketing organique » par rapport au « marketing payant ». Bien que les deux nécessitent Temps et efforts, ils s'attaquent au problème de la croissance de votre entreprise en ligne sous différents angles.

Le marketing organique consiste à créer un excellent contenu avec lequel les gens interagissent. Si vous pouvez le faire, c'est un faible investissement et une échelle pratiquement illimitée.

La publicité payante est plus stable et fournit des rendements à court terme, mais fournit rarement des rendements asymétriques ou inattendus et, selon la façon dont vous choisissez de le faire, nécessite généralement plus d'investissement.

Dans cette section, nous examinerons la création d'un public comme moyen de développer votre entreprise en ligne. Personnellement, je crois en cette stratégie plus que la publicité – c'est une entreprise créative et amusante (si elle est faite correctement), et j'ai vu changer complètement la donne pour de nombreuses petites entreprises, y compris plusieurs des miennes, de manière peu coûteuse.

La construction d'un public en ligne se fait sur les applications de médias sociaux. Notre définition des « médias sociaux » est libérale – le courrier électronique, par exemple, est un média social, au même titre que le texte. Quelle que soit l'application spécifique, la création d'audience nécessite la création de contenu : en diffusant du contenu que les gens apprécient, consomment et partagent dans le monde, ce contenu peut conduire des consommateurs qui n'auraient jamais entendu parler de votre entreprise vers vos produits et services. À un niveau élevé, référez-vous aux quatre types de contenu que vous pouvez créer (page quinze), et votre stratégie sociale doit intégrer tout ou partie de ces types.

Il est préférable de créer un public qui convertit en revenus nets et autres KPI via les plates-formes suivantes. Gardez à l'esprit que le contenu peut être partagé sur plusieurs plates-formes, par exemple, un article de blog peut être partagé sur votre site Web, votre page Facebook, votre compte LinkedIn et votre liste de diffusion, puis partagé sous forme d'histoire sur Instagram. Nous aborderons ce processus plus tard:

- **Site Web:** il est essentiel de créer une liste de diffusion via votre site Web et de créer une sorte de newsletter ou de blog.
- **Instagram :** une condition préalable à la création d'audience et de contenu.
- **Facebook: de** même, un endroit idéal pour se connecter avec votre communauté et partager tous les types de contenu.

- **LinkedIn**: LinkedIn peut être très lucratif et une plate-forme opportune sur laquelle partager à nouveau le contenu écrit d'un blog ou d'une newsletter.
- **TikTok:** non, ce n'est pas seulement pour les enfants. TikTok est hautement évolutif et relativement facile à suivre grâce à des vidéos courtes.

Nous avons donc les types de contenu que vous pourriez créer pour créer un public, et les plateformes sur lesquelles vous pourriez le publier. Avant de passer aux stratégies et processus exacts impératifs à la création de contenu, repensez aux plates-formes que vous avez identifiées comme étant les plus précieuses pour votre entreprise. C'était la moitié du puzzle : vous pouvez maintenant combiner ces informations avec les types de contenu qui conviennent le mieux à chaque plate-forme.

Dites votre stratégie sociale a identifié votre site Web, Facebook et LinkedIn comme étant les supports les plus importants sur lesquels votre entreprise s'établira. Les principaux types de contenu décrits pour cette collection de plates-formes sont du texte long, tel qu'un blog, ainsi que quelques vidéos pour présenter votre entreprise sur le site Web et la page Facebook. Dans cette hypothèse, vous avez maintenant une idée claire de la façon dont vous allez construire votre public: en créant quelques vidéos de haute qualité à publier sur toutes les plateformes pour présenter aux clients votre marque et vos offres, puis en créant régulièrement du contenu écrit à partager sur votre liste de diffusion, votre site Web, votre profil Facebook et votre profil LinkedIn.

C'est le processus de réflexion que vous devriez suivre pour avoir une idée claire de la façon dont votre entreprise se construira une audience et une clientèle en ligne.

Nous allons maintenant explorer les meilleures pratiques pour créer du contenu et développer une audience sur toutes les plateformes sociales identifiées jusqu'à présent. N'hésitez pas à lire uniquement sur les plates-formes que vous utiliserez réellement, ou tout ce qui va au-delà selon vos intérêts et pour aider à comprendre l'espace général de construction du public social.

Construire et optimiser un site Web

Nous commencerons par un sujet certes plus vaste que la construction de l'audience. Nous explorerons non seulement comment développer un public et transformer ce public en clients grâce au marketing par e-mail et aux blogs, mais aussi comment configurer un site Web en premier lieu, ainsi que les meilleures pratiques pour le développement de sites Web et le référencement (optimisation des moteurs de recherche, qui fait référence au classement de votre site Web sur des navigateurs tels que Chrome).

Bien que vous puissiez choisir d'externaliser le développement de sites Web si vous n'avez pas Un site déjà, avoir quelques connaissances de base sur le fonctionnement de votre site Web va un long chemin.

La création d'un site Web sans code comprend le domaine, le constructeur de site Web et le plan d'hébergement. Le domaine est l'URL de votre site Web, tel que mybusiness.com ou mybusiness.org. Le constructeur de site Web est le cadre à travers lequel vous pouvez modifier votre site Web, comme les paramètres d'un ordinateur. L'hébergement est le serveur sur lequel les données du site Web sont stockées.

Heureusement, le processus de configuration du domaine, de l'hébergement et d'un site Web est assez facile de nos jours, ainsi que bon marché.

Commencez par aller à GoDaddy à godaddy.com. Ici, vous pouvez rechercher le domaine que vous souhaitez pour le site Web de votre entreprise.

« Yourbusinessname.com » est le meilleur pari. S'il s'agit d'un nom commun, vous devrez peut-être opter pour .co, .org ou quelque chose du genre. Une fois que vous avez identifié un domaine disponible, vous êtes prêt à configurer l'hébergement.

D'après mon expérience, WordPress est le meilleur « constructeur de site Web » pour les petites entreprises. Près de 70% d'Internet fonctionne sur WordPress, et il permet un contrôle presque complet sur un site Web, ainsi qu'un large éventail de fonctionnalités complémentaires. D'autres constructeurs de sites Web populaires, comme Squarespace, Wix et Weebly, offrent une gamme extrêmement limitée d'outils.[11]

---

[11] En retour, ils simplifient le processus de configuration du site Web. Cependant, WordPress permet également l'incorporation de constructeurs faciles à glisser-déposer (comme Elementor). Si vous recherchez une option ultra-simpliste, optez pour Squarespace, Wix ou Weebly, sachez simplement que c'est généralement la pire option à long terme.

Pour configurer l'hébergement WordPress, vous avez quelques options: GoDaddy démarre les plans d'hébergement WordPress à 6.99 $ par mois (domaine non inclus), tandis que BlueHost (bluehost.com) propose un plan d'hébergement WordPress pour 2.99 $. GoDaddy a une interface un peu plus simple, mais sinon, les deux services sont presque identiques.

Quel que soit le service que vous décidez d'utiliser, assurez-vous d'acheter le domaine par l'intermédiaire de ce fournisseur. Vous pouvez regrouper un domaine et un plan de domaine et d'hébergement sur les liens ci-dessous ou bien les acheter individuellement (assurez-vous simplement de choisir le bon domaine lors de la configuration du plan d'hébergement, et ne pas en acheter un nouveau).

godaddy.com/en-in/hosting/WordPress-hosting
bluehost.com/WordPress

Sur les deux services, assurez-vous d'activer SSL (Secure Sockets Layer), qui attache le verrouillage de site présent chaque fois que vous visitez un site Web vérifié.

🔒 google.com

Maintenant que votre domaine et votre plan d'hébergement sont configurés, vous pouvez commencer à créer votre site Web dans WordPress. Que ce soit dans GoDaddy ou Bluehost, allez dans les menus des produits et cliquez sur « modifier mon site » ou une variante de celui-ci.

Vous vous retrouverez dans le tableau de bord WordPress, qui ressemblera à ceci:

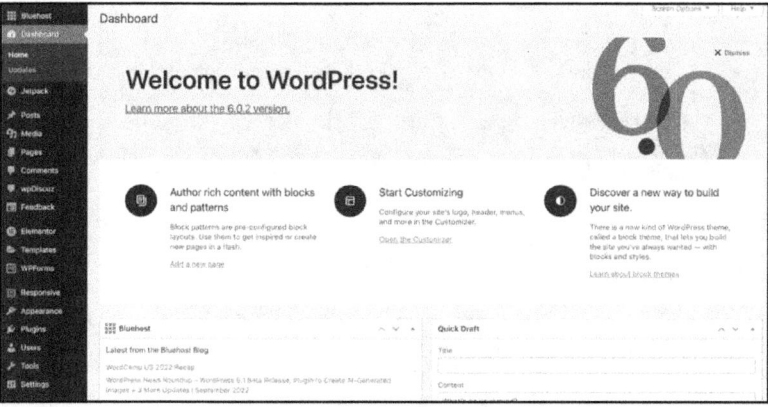

Cela peut être un peu intimidant à première vue, alors décomposons le menu dans la partie la plus à gauche de l'écran:

- **Posts** est l'endroit où vous pouvez créer et publier du contenu.
- **Les médias** sont l'endroit où vivent les photos, les vidéos et les documents téléchargés sur le site.
- **Pages** est l'endroit où vous pouvez gérer le contenu (par exemple, la mise en page et les mots) de chaque partie (par exemple, la page d'accueil, la page à propos, etc.) du site Web.
- **L'apparence est l'**endroit où vous pouvez définir le thème du site Web, gérer la structure et personnaliser l'apparence.

- **Plugins** est l'endroit où vous pouvez trouver une bibliothèque complète de modules complémentaires prêts à ajouter des fonctionnalités à votre site.
- **Utilisateurs** vous permet de gérer les personnes qui ont des comptes sur votre site, allant de l'administrateur aux clients.
- **Paramètres** vous permet de gérer certaines facettes générales et certains éléments stylistiques de votre site.

Votre site Web n'est actuellement pas publié. Pour le préparer à la publication, commencez par choisir un aspect visuel pour le site Web. Naviguez vers l'apparence > thèmes et choisissez un thème (simple est préférable pour commencer) qui, selon vous, représente votre marque et votre entreprise. Vous pouvez également rechercher sur Google les meilleurs thèmes pour votre type d'entreprise afin de trouver des alternatives qui ne figurent pas dans le magasin intégré.

Ensuite, accédez à l'apparence > personnaliser et définissez l'identité du site, les paramètres globaux, le pied de page, la barre latérale et l'en-tête à votre guise. Pour créer une nouvelle pagsur le site Web, modifiez toutes les pages ou supprimez les pages réinstallées, cliquez sur les pages > ajouter de nouvelles, les pages > modifier ou les pages > corbeille. Pour modifier le menu de niveau supérieur, qui apparaît sur l'en-tête du site Web, visitez l'apparence > les menus.

Lorsque vous commencez à remplir le contenu de la page, par exemple sur la page d'accueil et la page à propos, notez le « + » dans le coin supérieur gauche des pages que vous modifiez. Cela vous permet d'insérer des éléments de page, appelés blocs, dans la page. Si vous n'êtes pas satisfait de la page WordPress intégrée

, envisagez d'installer le plugin Elementor, qui offre une édition glisser-déposer légèrement plus avancée.

Au-delà d'Elementor, envisagez d'installer certains de ces plugins essentiels (tous ont un plan gratuit):

Plugin SEO - Yoast SEO et Jetpack sont deux plugins populaires qui vous permettent d'améliorer et de mieux gérer l'optimisation des moteurs de recherche de votre site Web.

Plugin Analytics - MonsterInsights et Google Analytics sont deux plugins populaires qui fournissent des analyses avancées.

Plugin de sécurité - Akismet et Wordfence sont deux plugins populaires qui protègent contre le spam et fournissent des pare-feu (pensez également à TrustedSite).

WPForms - vous permet de créer et d'ajouter des formulaires interactifs à votre site Web.
Updraft Plus - crée des sauvegardes automatiques de votre site Web.

WooCommerce - mettre en place une boutique en ligne pour vendre des produits.

SmashBalloon – ajoute des widgets de médias sociaux.

OptinMonster – vous obtient plus d'abonnés au courrier électronique.

HubSpot – offre une gestion de la réputation client (CRM).

Il existe des dizaines de milliers de plugins disponibles, alors consultez la bibliothèque de plugins chaque fois que vous cherchez à ajouter des fonctionnalités à votre site Web.

Vous connaissez maintenant toutes les bases de WordPress: comment choisir un domaine, configurer l'hébergement, ajouter un thème, modifier l'apparence du site Web, ajouter et modifier des pages, modifier le menu de navigation et installer des plugins.

En ce qui concerne les décisions stylistiques et stratégiques de site Web, gardez à l'esprit que votre site Web doit refléter votre identité de marque d'une manière visuellement attrayante et simple. N'exagérez pas avec des plugins ou des pages et limitez le nombre de plugins à l'essentiel. Assurez-vous de maximiser l'optimisation des moteurs de recherche (SEO) grâce au plugin SEO que vous avez installé, car cela garantira que le site Web se classe au fil du temps (bien que cela puisse prendre un certain temps: indexer manuellement votre site Web sur Google, ce qui accélère le processus, visitez search.google.com/search-console). De plus, si vous envisagez de vendre des produits via votre site WordPress, suivez le processus de configuration de WooCommerce.

Pour cultiver la communauté, obtenir plus de visibilité et obtenir plus de clients, les blogs et le marketing par e-mail sont le nom du jeu. Le marketing par courriel, en particulier, est un must pour toutes les entreprises, tandis que les blogs sont précieux en ce sens qu'ils fournissent un contenu qui augmente la visibilité sur la recherche et peut être partagé sur d'autres plateformes sociales.

Marketing par courriel

Le courrier électronique est une forme de communication sociale massivement répandue avec près de quatre milliards d'adresses dans le monde. 73% des consommateurs interrogés ont déclaré que l'e-mail était leur canal marketing préféré, tandis que le retour sur investissement moyen du marketing par e-mail est de 122%.

Marketing par courriel Tire parti des e-mails et des listes de diffusion pour vendre des produits ou des services et renforcer les relations avec les clients. Cela commence par la capture d'e-mails: à savoir, déterminer comment amener vos clients actuels et potentiels à vous donner leur adresse e-mail. Ceci est le plus souvent réalisé par le biais de formulaires de capture d'e-mails à l'atterrissage et Pages de paiement : vous en avez probablement fait l'expérience vous-même en cochant les cases « S'inscrire à notre newsletter » sur les pages de paiement, ou en entrant votre adresse e-mail sur un site Web pour recevoir une remise ou une récompense spéciale. Une fois que vous avez établi un entonnoir pour acquérir des e-mails, considérez ces stratégies classiques de marketing par e-mail (nous explorerons comment automatiser ces processus de messagerie plus loin):

- **Accueillez les nouveaux abonnés et clients avec des e-mails de bienvenue** (et peut-être une récompense). Immédiatement après qu'un client s'est abonné à la liste de diffusion de votre entreprise, envoyez-lui un e-mail détaillant un bref remerciement, les antécédents de l'entreprise, l'argument de vente ou la récompense. Essayez de rendre cet e-mail agréable, car le destinataire n'a probablement pas eu beaucoup d'interaction préalable avec votre marque.

- **Envoyez régulièrement une newsletter.** Les newsletters sont un moyen puissant de s'assurer que les clients restent en contact avec votre marque et votre entreprise. Les bulletins d'information (dont la plupart sont envoyés chaque semaine) peuvent présenter des nouvelles, des histoires de clients et d'équipes, des articles de blog et d'autres contenus sociaux.

- **Partagez des mises à jour, des lancements et des mises à jour concernant votre entreprise**. Une liste de diffusion est le moyen idéal pour obtenir des nouvelles sur les nouveaux aspects de votre entreprise à votre clientèle. Inclure un tri, une réduction ou une récompense pour les premiers téléspectateurs est sûr d'augmenter l'engagement.

Heureusement, vous n'avez pas à faire le travail d'envoyer ces e-mails vous-même, mais plutôt une variété de puissants services d'automatisation existent pour faciliter le marketing par e-mail.

- **Mailchimp** & **Constant Contact** - Meilleur dans l'ensemble
- **Drip** - idéal pour les magasins de commerce électronique.
- **Hubspot** - meilleur outil CRM
- **Sendinblue** - meilleurs outils pour développer une clientèle.

Concentrez-vous sur l'automatisation lors de l'utilisation de ces services. Par exemple, configurez une série de cinq e-mails à envoyer à tous les nouveaux abonnés au courrier électronique sur une période de cinq semaines (en plus du contenu régulier), ou un message de remerciement spécial ou une récompense à envoyer aux clients qui atteignent un certain jalon de dépenses. La mise en place d'une automatisation de ce type n'est pas difficile : il suffit d'explorer des tutoriels sur la plateforme d'email marketing avec laquelle vous choisissez de travailler.

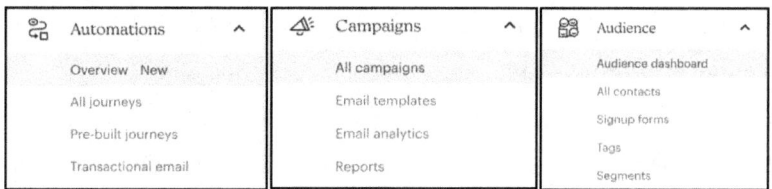

Outils d'automatisation, de campagne et d'audience de Mailchimp.com

Assurez-vous de personnaliser tous les emails, titres et contenu de test A / B pour optimiser les taux d'ouverture au fil du temps et garder le corps du texte concis.

Passons maintenant aux blogs, qui sert à approfondir et la portée du marketing par courriel s'il est correctement mis en œuvre.

Bloguer

A bLog est simplement un site Web avec des informations chronologiquement ordonnées, généralement dans un format de type article (texte long).
Actuellement, près de 600 millions de blogs existent sur Internet, tandis que 81% des entreprises considèrent leurs blogs importants (comme son HubSpot), tandis que les petites entreprises qui

bloguent obtiennent 126% de croissance de prospects en plus que les petites entreprises qui ne bloguent pas (selon ThinkCreative).

Les blogs servent à classer votre site Web plus haut sur Google et d'autres moteurs de recherche, ce qui signifie que plus de gens découvrent votre entreprise. Les blogs vous permettent également de vous connecter avec votre public actuel et Positionnez votre marque comme une autorité dans votre domaine.

Vous pouvez facilement créer un blog sur vos sites Web WordPressEn visitant la page « Articles » par défaut dans le menu « Pages ». Cette page chargera en fait un pied de vos articles de blog, que vous pouvez créer dans WordPress via des « articles » « ajouter de nouveaux ». Vous pouvez télécharger des plugins tels que Elementor, SeedProd et Blog Designer pour personnaliser davantage la convivialité de votre page de blog.

Lorsque vous créez des articles de blog, concentrez-vous sur le contenu de type éducatif détaillant un sujet dans votre domaine d'activité. Les messages doivent être d'au moins mille mots, bien que la longueur idéale pour le référencement (optimisation des moteurs de recherche) soit d'environ 2 000 à 2 500 mots. De plus, assurez-vous que les publications maximisent leur référencement grâce à votre choix des plugins SEO décrits précédemment.

Vous devriez publier un article sur votre blog au moins une fois par semaine. Ce type de travail est facilement externalisé – nous examinerons le processus de le faire tout au long du chapitre sept. Les articles de blog peuvent être partagés dans une newsletter (servant ainsi à stimuler l'engagement par e-mail) et sur d'autres comptes sociaux sur d'autres plates-formes.ms.

Prenez note de certaines marques qui Utilisez avec succès les blogs pour étendre leur portée et renforcer l'engagement des clients :

xviii

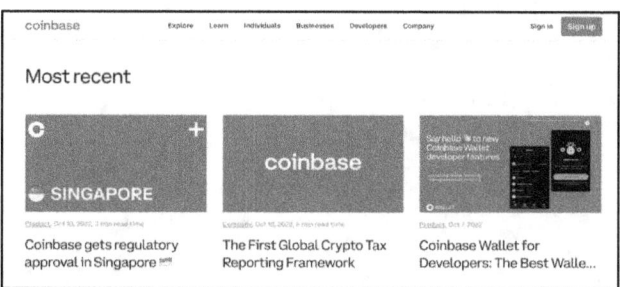
xix

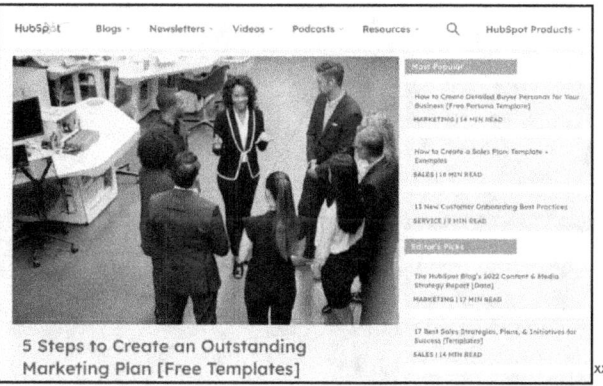
xx

Étant donné que les articles de blog seront une introduction de votre marque et de votre entreprise à beaucoup, assurez-vous que le message est cohérent avec l'identité de marque et les offres de produits plus grandes.

Grandir sur Instagram

Instagram est le vieux chien des réseaux sociaux. C'est le groupe le plus établi autre que Facebook et domine en faveur de Facebook chez les jeunes. Alors qu'Instagram a incorporé de nouvelles fonctionnalités au cours des dernières années qui explorent les tendances initialisées par les jeunes applications telles que TikTok (notamment les bobines), la fonction principale de l'application est toujours de partager du contenu photo.

Oui, grandir sur Instagram simplement en partageant des photos est devenu extrêmement difficile au fil des ans, car les changements d'algorithmes nuisent aux chances de bon fonctionnement du contenu organique.

Les « bobines » Instagram sont une version de TikTok intégrée à Instagram qui présente un flux vidéo court aux téléspectateurs. Les bobines constituent le moyen le plus simple d'obtenir une exposition organique. Toutes les vidéos publiées sur TikTok devraient également être publiées sur des bobines (et des courts métrages YouTube, comme nous y reviendrons plus tard), et j'ai constaté que la grande majorité de la croissance sur mes comptes Instagram provient maintenant des bobines plutôt que de la portée organique sur les photos.

Lorsque vous développez une audience et créez du contenu pour Instagram, pensez d'abord à la différenciation. Il y a des millions et des millions de comptes sur Instagram dans tous les créneaux, y compris celui de votre entreprise. S'il existe, quelqu'un publie probablement déjà à ce sujet sur Instagram sous une forme ou une autre. Le revers de la médaille est que la différenciation est attrayante — lorsque les gens voient des choses nouvelles ou uniques, ils s'y tiennent. Réfléchissez à la façon dont vous pouvez vous différencier dans le créneau de votre entreprise.

De plus, utilisez des profils colorimétriques pour conserver un style standard sur toutes les photos. Cela permet en soi une différenciation.

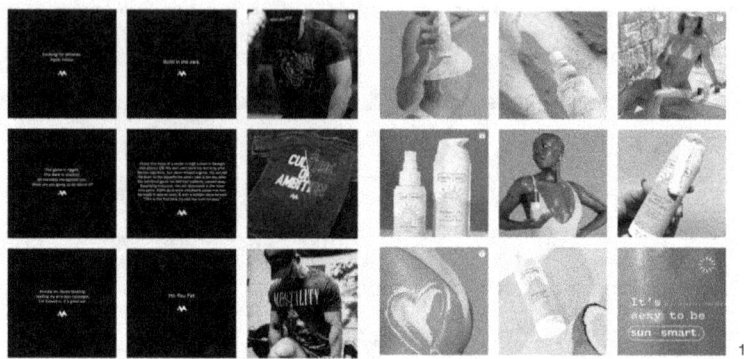

12

Pour ceux qui recherchent un moyen légitime et efficace d'accélérer la croissance et d'atteindre de vraies personnes, ou même d'ajouter un petit coup de pouce à un compte et à un contenu, les publicités Instagram et les promotions de publication sont une excellente solution. Bien sûr, ils nécessitent une certaine somme d'argent pour commencer, mais si vous êtes prêt à dépenser ce montant, développer rapidement une marque personnelle ou professionnelle n'est pas extraordinairement difficile.

Connectez simplement un compte Facebook à votre compte Instagram et faites la promotion du contenu de votre profil qui, selon vous, représente le mieux votre marque. Définissez le budget et la

12 @mentality et @frank_bod

durée et lancez la promotion. Concentrez votre campagne globale sur quelques publications à fort taux de conversion (que vous pouvez identifier grâce à l'analyse des publications) si vous cherchez uniquement à gagner des abonnés, tandis que si vous souhaitez que votre nombre de likes augmente à tous les niveaux en plus des abonnés, répartissez votre budget global sur chaque nouvelle publication, ou au moins sur une multitude de publications. Si vous avez le budget, je vous recommande d'intégrer les promotions dans votre stratégie de croissance dès le début – c'est un excellent moyen d'atteindre rapidement 10 000 abonnés, par exemple, mais pas si bien une fois que vous êtes à 100 000.

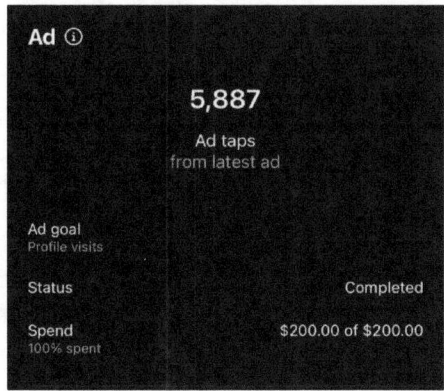

Cette promotion post-promotion de 200 $ a généré près de 6 000 visites de profil.

À cette note, le contenu organique doit submerger la croissance dérivée des publicités à long terme, à moins que les publicités ne soient exceptionnellement rentables. Les publicités de cette nature sont simplement une mesure complémentaire pour soutenir le contenu organique et sauter à travers certaines failles algorithmiques et sociales (en termes de nombre d'abonnés).

Ensuite, notez que l'automatisation Instagram consiste en un logiciel qui aime automatiquement les publications, visionne des vidéos, commente et suit d'autres comptes. L'idée est qu'une personne qui reçoit un like, une vue ou un commentaire peut décider de consulter le compte et de le suivre. Un tel résultat peut ne se produire qu'un seul engagement sur 500, mais si ces actions peuvent être effectuées par un bot 10 000 fois par jour, les comptes d'abonnés peuvent croître rapidement (au moins au début). Les services d'automatisation coûtent une certaine somme d'argent, allant de 20 dollars ou moins par mois à plusieurs centaines. Ils

n'ont pratiquement aucune valeur à long terme, car la croissance du contenu organique est toujours reine, mais ils peuvent être utiles lorsque vous partez de zéro.

Trucs et astuces Instagram:

- La durée vidéo la plus facile pour obtenir des vues, selon mon expérience, est inférieure à 20 secondes. Au-delà des années 30 devient plus difficile, bien que cela dépende de votre créneau.

- Les 3 premières secondes comptent (appât) et les 3 dernières secondes comptent tout autant ou plus (crochet). Si vous avez un bon appât, les gens regarderont jusqu'à l'hameçon, et si l'hameçon est génial, ils reregarderont. Vous avez besoin des deux éléments pour atteindre

>100% de temps de visionnage, c'est là que vous pouvez commencer à tirer de vraies vues.

- Visuellement attrayant et une énergie élevée fonctionnent mieux à moins qu'un manque d'énergie élevée ne fournisse un effet comique.

- La fréquence n'a pas d'importance si les vidéos sont assez bonnes (la qualité bat tout, une vidéo virale vaut mieux que cinquante flops), mais poster au moins une fois par jour est idéal pour créer un compte. Encore une fois, cependant, si les vidéos sont assez bonnes, un volume minimum n'existe pas.

- La simplification et l'automatisation du pipeline de production sont essentielles. Créer des défis qui vous obligent à publier quotidiennement est un moyen facile de le faire et d'éliminer l'effort créatif de l'équation.

- En ce qui concerne les bobines Instagram, la publication doit être cohérente pour monter de niveau dans l'algorithme du compartiment. Arrêter pendant quelques semaines m'a fait passer de 50-100k vues moyennes à à peine dépasser 10k pendant plusieurs semaines de plus. De plus

- Notez que les ratios de likes et de commentaires n'ont pas d'importance lorsqu'il s'agit de rouleaux, comme en témoignent ces vidéos:

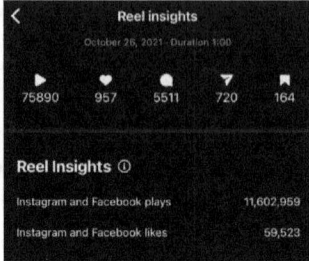 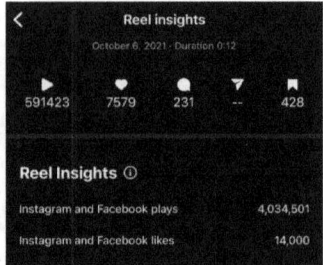

En résumé, Instagram présente un large éventail d'options de contenu puissantes et un public massif pour le sauvegarder. Chaque entreprise peut trouver sa place sur la plate-forme et tirer parti des outils disponibles dans la poursuite

d'une communauté et d'un résultat net plus forts.

Grandir sur TikTok

Même au niveau des médias sociaux, TikTok est fou. L'application lancée par ByteDance a atteint 2,6 milliards d'installations dans les 5 ans suivant son lancement, en grande partie grâce à sa capitalisation sur le contenu court, que d'autres plateformes (notamment Instagram via Reels et YouTube via Shorts) ont rapidement copié. TikTok était unique en raison de son algorithme basé sur un seau, qui « teste » le contenu avant de le promouvoir auprès d'un public plus large. Cela sert à permettre à presque toutes les vidéos de devenir virales de manière organique, en supposant que l'engagement soit suffisant dès le départ. Cela contraste radicalement avec les algorithmes d'applications telles que Instagram et YouTube, sur lesquels il est notoirement difficile de partir de zéro.

L'inconvénient d'un algorithme extrêmement opportuniste et d'une plate-forme de contenu court est que les vues importent moins (disons, 100k vues sur TikTok n'est pas aussi précieuse que 100k vues sur YouTube) et émigrer un suivi vers d'autres plates-formes est extrêmement difficile (disons, sur 100k abonnés TikTok, seulement 1k peut convertir en abonnés Instagram). Ainsi, bien qu'il puisse être beaucoup plus facile d'atteindre dix mille abonnés à partir de zéro sur TikTok, ces dix mille abonnés ne signifient pas autant en termes de vrais fans et de moyens de monétisation que dix mille abonnés sur Instagram, YouTube ou Facebook.

Mes propres expériences illustrent ces idées. La première vidéo que j'ai postée sur TikTok a obtenu plus de vues que les deux années précédentes que j'avais passées sur Instagram et YouTube combinés. J'ai pu 6x la taille de mes médias sociaux personnels en un an sur TikTok, et pourtant les récompenses étaient lamentables hors plate-forme: presque pas de crossover et pas d'argent gagné du tout pour 40+ millions de vues directes sur trois comptes, ainsi que le double dans les reposts. Dans cet esprit, TikTok est idéal en tant qu'outil haut de gamme et de preuve sociale, tandis que les annonces TikTok représentent une opportunité directe au sein de la plate-forme pour développer une petite entreprise.

Après des années de croissance lente, j'ai pu rapidement étendre mon exposition et mon nombre de vues grâce à TikTok.

Je vais transmettre le format vidéo que j'ai utilisé pour accélérer la croissance, ainsi que les meilleures pratiques générales pour développer une entreprise via TikTok.

Le succès sur TikTok commence par l'approche. TikTok vise à fournir de la valeur - vous êtes en concurrence pour le temps des téléspectateurs, et les vidéos et les comptes associés qui fournissent constamment le plus de valeur capturent le plus de temps des téléspectateurs, ce qui permet de promouvoir ces vidéos auprès d'un public plus large, encourageant ainsi des cycles viraux de type boule de neige pour les créateurs de contenu. Dans le créneau de votre entreprise, assurer le succès à long terme consiste à identifier la valeur que vos vidéos fournissent et la valeur souhaitée par votre public, à optimiser les vidéos futures en fonction de ces informations et à les répéter. Si quelque chose frappe, courez avec et construisez dessus. Si ce n'est pas le cas, prenez des notes.

L'algorithme TikTok est basé sur un compartiment. Les algorithmes basés sur des seaux donnent à chacun la possibilité de devenir viral, au lieu de baser la portée en grande partie sur la taille de l'audience. L'algorithme de compartiment fonctionne comme suit, mais à un niveau beaucoup plus abstrait (par exemple, les « compartiments » ne sont pas littéralement séparés par un ordre de grandeur) :

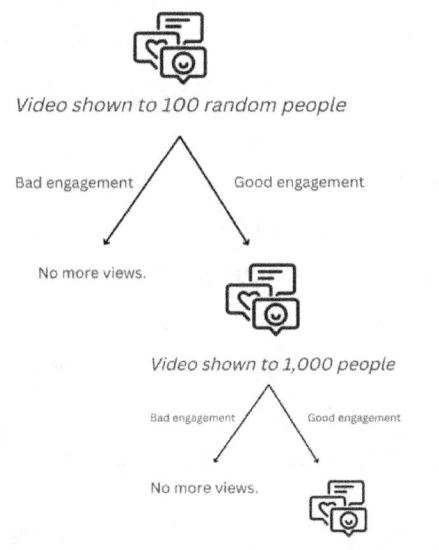

Chaque vidéo est montrée à un certain nombre de personnes. Selon la façon dont ces personnes interagissent avec la vidéo donnée, elle peut ou non passer au compartiment suivant, dans lequel la vidéo est montrée à un nombre beaucoup plus grand de personnes. [13] Moins le cas impair, cela progresse jusqu'à ce que la vidéo atteigne un certain nombre maximum de vues dans son compartiment, après quoi elle se stabilise. Certaines vidéos peuvent prendre des jours pour commencer à prendre de l'ampleur, et d'autres peuvent s'arrêter en un jour ou deux, contre des semaines, comme dans le cas d'une vidéo virale. Au fur et à mesure que votre audience augmente et que vous publiez plus de vidéos, votre compte monte de niveau dans l'algorithme et vos vidéos sont garanties de tomber dans un compartiment supérieur. C'est pourquoi les grands créateurs obtiennent des millions de vues, peu importe ce qu'ils publient : dans un sens, ils peuvent ignorer le processus de notation.[14] Lorsque vous publiez des vidéos, vous remarquerez qu'elles gagneront souvent rapidement un nombre important de vues, puis cesseront de gagner, puis recommenceront à une autre date. Parfois, l'intervalle entre les périodes de forte croissance n'est que de quelques minutes ou heures, alors que parfois cette différence peut durer des jours, voire des semaines. Au fur et à mesure que les seaux grossissent, le temps nécessaire pour remplir le seau augmente, ce qui signifie qu'une vidéo de quelques centaines à quelques milliers de vues peut atteindre cela en quelques heures seulement, tandis qu'une vidéo passant d'un demi-million à cinq millions de vues peut étirer cette croissance plus

---

[13] Combien de temps ils le regardent, combien ils l'aiment, le partagent et le commentent.
[14] À juste titre, puisqu'ils ont fait leurs preuves dans le passé d'un point de vue algorithmique

uniformément sur des jours ou des semaines. Alors, qu'est-ce que cela signifie pour votre compte et votre stratégie TikTok?

Tout d'abord, notez que l'extraction de plus de vues devient plus facile à mesure que vous grandissez, car l'algorithme TikTok garantit en grande partie à toutes les vidéos d'un compte une certaine place dans le système basé sur les niveaux. Ce n'est ni une règle stricte ni une règle sur laquelle il faut se concentrer. Au lieu de cela, continuez à essayer de faire les meilleures vidéos possibles, et éventuellement mélanger le pain et le beurre du compte dans des vidéos avec lesquelles le public continuera à interagir (puisque, à un tel stade, vous avez développé une marque dans la mesure où les gens regarderont malgré tout) mais nécessitent beaucoup moins d'efforts que les principaux moteurs de croissance. Pourtant, comme le dit l'adage, gardez l'essentiel et rappelez-vous que la production initiale de superbes vidéos, et beaucoup d'entre elles, est nécessaire pour assurer une montée rapide de l'algorithme du compartiment.

Une deuxième façon dont ces concepts ont un impact sur votre compte TikTok et votre stratégie vidéo est que la petite amélioration de l'analyse vidéo, principalement le temps de visionnage moyen et le pourcentage de vidéos regardées complètes, donne des résultats massifs, et vice versa. Ce n'est pas seulement de la rhétorique, ou une norme morale – l'optimisation est importante, et pour illustrer ce point, il y a des analyses tirées de deux vidéos réelles sur un de mes comptes :

476k vues
10.5/11s AWT (temps de visionnage moyen)
54,5 % WFV (visionné la vidéo complète)

5.2m vues

11.9/11s AWT

56,3 % VIF

La deuxième vidéo a obtenu 10 fois plus d'exposition sur une différence d'engagement de 5 à 10%. Des situations comme celle-ci sont présentes partout, alors qu'au fil du temps, toutes les vidéos d'un compte sont algorithmiquement susceptibles d'atteindre un certain nombre minimum de vues, atteindre un succès au-delà de cette norme et de la viralité sur une base régulière est une question de résultat net: de petites améliorations, composées, donnant des résultats massifs.

Ce qu'il faut retenir ici, c'est que la poursuite consciente de l'optimisation et de l'itération est nécessaire pour assurer la croissance, et une fois qu'un format viral est trouvé, il devrait être essoré pour toute sa valeur. Vraiment, le cœur du problème, et le concept de base par rapport à ce qui précède, est la valeur et la capacité d'adapter le contenu pour répondre aux besoins d'un public au fil du temps.

Le succès sur TikTok, ainsi que sur toutes les plateformes de contenu social, se résume à la question de savoir pourquoi quelqu'un regarde une vidéo. Je considère que cela revient à la règle E&E : divertissement versus éducation. Tout le contenu médiatique existe sur deux spectres, l'un de valeur de divertissement et l'autre de valeur éducative. Identifier la valeur de vos vidéos, c'est identifier où se trouvent sur le spectre E&E une vidéo et un créneau, puis poser cette question: fournit-il suffisamment d'E&E par rapport au meilleur contenu au monde dans votre créneau, ou par rapport à vos concurrents commerciaux? Si ce n'est pas le cas, si vos vidéos ne fournissent pas autant ou plus d'éducation, de divertissement ou une combinaison des deux, il est peu probable que les meilleures vidéos au monde dans votre créneau, un succès holistique et révolutionnaire.

Heureusement, il existe un moyen de contourner ce problème – j'ai essentiellement déclaré que le succès sur les médias sociaux est extrêmement difficile si vous n'êtes pas le meilleur dans quelque chose. Alternativement, vous pouvez simplement créer votre propre créneau - de cette façon, fournir soit la plus grande valeur de divertissement ou la valeur la plus éducative au monde dans ce créneau est beaucoup plus facile, parce que vous êtes littéralement le seul à le faire de cette façon. Essentiellement, vous abaissez la barre et mélangez la valeur de la surprise. Ainsi, alors que le succès est certainement rendu possible en battant la concurrence, le succès durable est plus facilement atteint en créant du contenu qui n'a pas de concurrence.

Prenez le créneau dans lequel j'ai construit ma marque personnelle et mon entreprise – il y a des millions de créateurs de fitness sur les médias sociaux, dont la plupart étaient plus compétents, plus forts, plus beaux ou meilleurs en production vidéo que moi. Au lieu d'essayer de rivaliser avec eux, j'ai simplement choisi de faire quelque chose dans le créneau du fitness que personne d'autre ne faisait de la façon dont je le faisais. Il s'agissait de défis de remise en forme – il s'est avéré que la première fois que j'ai fait un défi, j'ai attiré plusieurs millions de vues et des dizaines de milliers d'adeptes en seulement un mois. En créant un nouveau créneau plutôt que de rivaliser dans un ancien, je suis devenu instantanément unique, j'ai offert une valeur de choc et j'ai battu des gens qui, sur le papier, étaient des producteurs de médias sociaux supérieurs à moi à tous points de vue.

Tout cela dit, j'aimerais entrer dans quelques meilleures pratiques spécifiques que j'ai apprises au cours des dernières années sur TikTok:

- Les ratios similaires sont en grande partie hors de propos.
- Les ratios de part et de commentaires sont largement hors de propos.
- Les hashtags sont pour la plupart hors de propos, surtout si vous avez un public. Notez que TikTok fait pratiquement des hashtags pour vous une fois qu'ils ont déterminé votre public, donc les hashtags ne sont vraiment pas nécessaires. Utilisez simplement 2-3 par vidéo lorsque vous débutez, et vous les sevrez une fois que vous avez au moins 10 000 abonnés, un créneau établi et un nombre de vues solide.

Étude de cas d'une de mes pages Instagram d'entreprise sans audience établie au préalable (environ 800 abonnés):

11.5m vues, 59.3k likes.
4.0m vues, 235 commentaires.

Les ratios de likes et de commentaires sur cette page étaient incroyablement médiocres - pourtant, juste sur la base du temps de visionnage, les vidéos ont pu bien fonctionner. Je vais dis-le encore une fois: le temps de visionnage est la mesure ultime à prioriser. Ensuite, notez les métriques générales de TikTok à viser:

- Vidéo complète regardée (WFV): - 50% en général, 60-70% si plus courte.
- Temps de visionnage moyen (AWT): - >100% si moins de 15 secondes, >125% si moins de 10 secondes. Minimum - 75%

Ces chiffres, d'après mon expérience, fonctionnent dans une plage de quelques centaines de milliers de vues à quelques millions de vues, comme suit:

Durée : 6 secondes

Video performance

Total time watched	Average time watched	Watched full video	Reached Audience
2311h:53m:31s	9.0s	69%	842.6K
+1.2m (+0.01%) ↑	+0.0s (+0%)	0% (-0.01%) ↓	+7 (+0.01%) ↓

Durée : 9 secondes

Video performance

Total time watched	Average time watched	Watched full video	Reached Audience
12178h:41m:0s	12.1s	69.5%	3.3M
+1.8m (+0.01%) ↓	+0.0s (+0%)	0% (-0.01%) ↓	+5 (+0.01%) ↓

Durée : 17 secondes

Video performance

Total time watched	Average time watched	Watched full video	Reached Audience
18583h:12m:12s	16.0s	59.3%	3.9M
+27.4m (+0.01%) ↓	+0.0s (+0%)	0% (-0.01%) ↓	+170 (+0.01%) ↓

Grandir sur Facebook

En tant que plate-forme de médias sociaux par excellence populaire parmi les personnes âgées, sans parler de celle axée sur la communauté, le développement d'une présence sur Facebook est un must pour atteindre non seulement les clients de votre communauté, mais aussi le plus grand nombre possible des 2,9 milliards d'utilisateurs de Facebook.

Selon la section sur la présence sociale, vous devriez ont actuellement un profil d'entreprise Facebook rempli.

Au-delà d'un profil optimisé, la création d'une audience sur Facebook se résume à la création et au partage de contenu, à l'interaction avec votre public et à la diffusion d'annonces. Les publicités ne sont pas une exigence dans la croissance d'une page, mais Facebook a éloigné ses algorithmes de la promotion du contenu organique ces dernières années, car la portée organique moyenne d'une publication Facebook est maintenant d'environ 5% du total des likes de la page (ce qui signifie que très peu d'adeptes voient organiquement le contenu que vous publiez).

Dès que vous démarrez votre page, tirez parti de votre communauté et de vos connexions existantes pour créer une audience initiale. Par exemple, si vous avez un emplacement physique, demandez aux clients réguliers de vous suivre sur Facebook, ou demandez la même chose à vos amis. Un cercle de départ de clients et d'amis engagés peut aller très loin en termes de portée organique.

Ensuite, concentrez-vous sur l'établissement d'un solide pipeline de contenu. Vous devriez poster au moins une fois par jour (visez cela, mais rappelez-vous que la qualité l'emporte sur la quantité) et un maximum de deux fois par jour. Dans l'ensemble, le contenu doit être un mélange de mises à jour commerciales, de conseils et de suggestions pertinents, de profils de partenaires, de clients ou de communautés, d'intérêts, de contenu repartagé et de tout ce qui est pertinent pour l'entreprise ou le public cible (idéalement, il est à la fois pertinent pour l'entreprise et attrayant pour le public cible). Ce contenu doit être un mélange de photos, de vidéos et de texte : les publications multimédias, telles qu'un article avec une image d'en-tête et une vidéo pas à pas, fonctionnent généralement mieux que n'importe quel type de média. Suivez les meilleures pratiques pour la création de contenu, telles que des titres forts, des visuels attrayants et des hashtags ciblés (pas plus de trois). Utilisez l'analyse au fil du temps pour ajuster les heures de publication afin de maximiser l'engagement.

Nous explorerons le marketing d'influence plus loin - gardez cela à l'esprit comme un outil extrêmement précieux lorsqu'il s'agit de créer une audience sur Facebook ainsi que sur toutes les autres plateformes sociales.

Si vous êtes une entreprise disposant d'un emplacement physique, concentrez-vous sur la création de contenu hiérarchisé autour de votre communauté locale. Rejoignez et créez des groupes communautaires pour interagir avec les clients autour d'un sujet spécifique (par exemple, un groupe peut être créé pour chaque emplacement physique, un événement annuel ou un secteur d'activité). L'organisation d'événements locaux et la publicité de votre page Facebook est un excellent moyen de créer un public local, ainsi que de faire directement de la publicité auprès de votre communauté locale par le biais de publicités Facebook.

Si votre entreprise ne dispose pas d'un emplacement physique dédié ou fonctionne uniquement en ligne, suivez la même philosophie : créez et rejoignez des groupes pour interagir avec votre public cible, puis suivez-le avec un contenu régulier qui plaît au public cible.

Pour les deux types d'entreprise, assurez-vous d'utiliser la fonction de publication de lien, tandis que vous pouvez coller une URL dans la boîte de création de courrier et Facebook partagera un aperçu du lien. Utilisez également les histoires Facebook, tout comme vous le feriez pour les histoires Instagram, comme moyen d'interagir régulièrement avec vos abonnés sans avoir à partager une publication exigeante. Épinglez régulièrement les publications les plus performantes ou très pertinentes en haut de votre page Facebook et encouragez vos employés ou amis à partager à nouveau du contenu.

Assurez-vous d'interagir avec votre public à travers votre contenu ainsi que le leur, et offrez régulièrement des opportunités d'interagir avec votre marque, d'offrir des commentaires et des suggestions, et de recevoir des réductions, des récompenses ou des éloges.

Regardons quelques petites entreprises qui développent efficacement une audience et une clientèle sur Facebook:

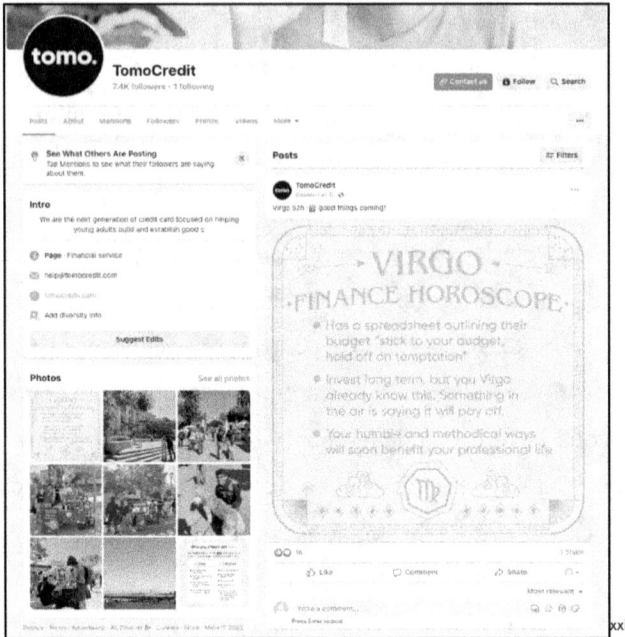

Notez le contenu attrayant et la multitude de photos partagées.

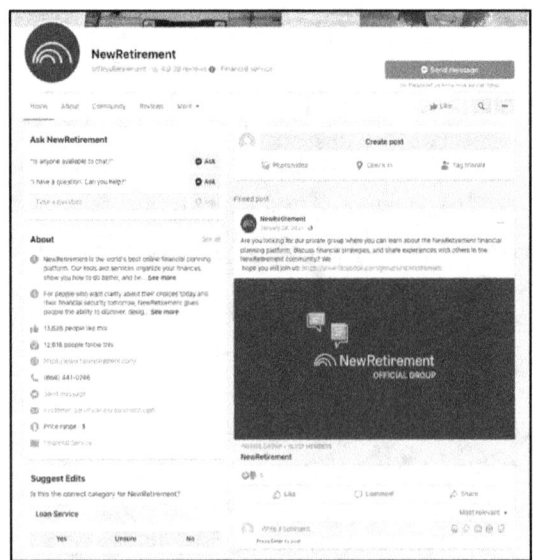

Notez comment @NewRetirement permet aux utilisateurs de poser directement des questions via Messager et d'épingler un message d'appel à l'action pertinent.

Grandir sur YouTube

YouTube est différent des plates-formes explorées précédemment en ce sens qu'il se concentre uniquement sur un support différent: la vidéo de longue durée. La vidéo est une bête différente à aborder que d'autres formes de contenu, car il n'y a tout simplement aucun moyen de contourner le travail; En fin de compte, personne ne peut simuler une bonne vidéo sur votre entreprise. On ne peut pas en dire autant des Tweets, des articles ou de la conception de sites Web.

Donc, YouTube est difficile pour ces raisons, mais le butin est immense...2 milliards de personnes uniques utilisent le site Web chaque mois (juste derrière Google.com), 80% des spécialistes du marketing américains sont convaincus que les vidéos YouTube convertissent bien et 70% des téléspectateurs YouTube déclarent avoir acheté un produit après l'avoir appris dans une annonce YouTube. C'est juste pour les produits achetés par le biais de publicités : pour les entreprises et les créateurs avec des chaînes YouTube à succès, les fans engagés se transforment rapidement en clients fidèles et à long terme. En fait, les gens retiennent 95% d'un message consommé via la vidéo contre 10% lorsqu'ils le lisent en texte, et ce phénomène se traduit directement par la rétention et l'impact de la marque.

Ainsi, bien qu'il soit initialement plus difficile pour les entreprises de créer un suivi sur YouTube par rapport à la plupart des autres plateformes sociales, le butin du succès sur un abonné base surpasse les autres plates-formes.

La plupart des entreprises qui créent du contenu sur YouTube se positionnent comme des autorités dans leurs espaces en créant du contenu éducatif. Beaucoup publient également des vidéos détaillant comment utiliser leur plate-forme, des interviews avec des fondateurs et des membres de l'équipe, des nouvelles de l'industrie et une couverture d'événements.

Notez ces entreprises, qui créent toutes efficacement du contenu qui attire les téléspectateurs vers leurs produits et services:

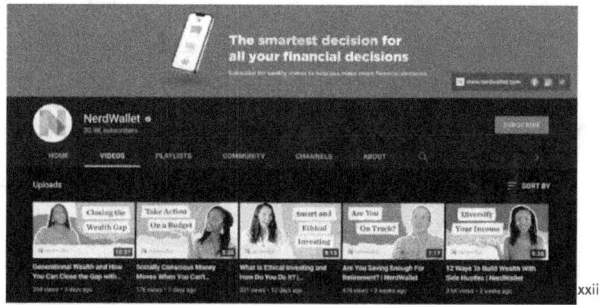

xxii

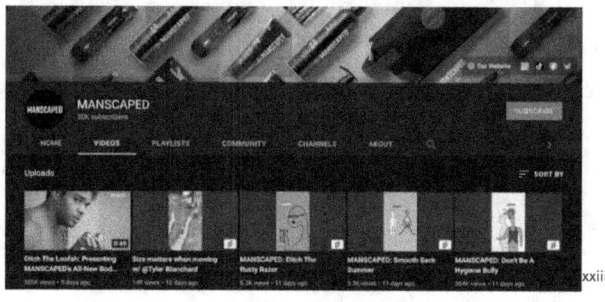

xxiii

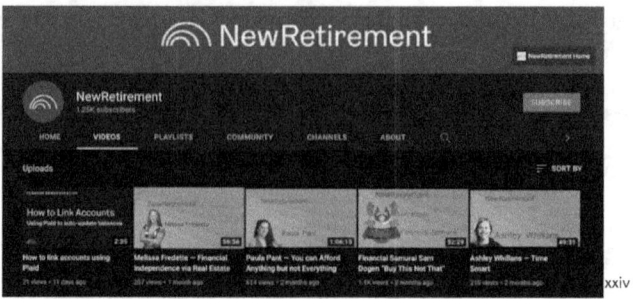

xxiv

Notez l'utilisation de courts métrages YouTube par Manscaped, la bannière forte de NerdWallet et le contenu long de NewRetirement.

Donc, lorsque vous utilisez YouTube pour votre entreprise, pensez au type de contenu que vous souhaitez créer dans votre créneau: y a-t-il un manque de connaissances auquel vos clients sont confrontés? Quelles sont les connaissances asymétriques présentes en vous, votre équipe et votre entreprise qui vous permettent de faire ce que vous faites, et comment pouvez-vous les présenter à un public sur YouTube ? Ces questions définiront votre identité et votre stratégie de contenu sur YouTube.

J'ai toujours trouvé utile de Écrivez un tas d'idées de vidéos juste après avoir proposé un concept de chaîne. Concentrez-vous d'abord sur les vidéos avec de solides accroches (afin qu'elles fonctionnent bien comme les annonces YouTube) ou les vidéos dont vous savez qu'elles résonneront bien au sein de votre communauté ou de votre cercle professionnel.

Sur le sujet, les annonces YouTube peuvent être un outil puissant et rentable pour augmenter l'exposition et développer une chaîne dès le début. Le coût moyen par vue (CPV) sur les annonces YouTube est de seulement 0,026 $ (bien que j'aie obtenu cela bien en dessous de 0,01 $). Cela signifie, essentiellement, que vous pourriez payer 1 cent pour qu'une personne réelle regarde au moins 30 secondes de votre vidéo. Cela équivaut à 10 $ pour 1 000 vues et 1 000 $ pour 100 000 vues. D'emblée, investir quelques centaines de dollars dans des dépenses publicitaires de ce type peut faire des merveilles pour un nouveau canal.

En résumé, grandir sur YouTube consiste à publier des vidéos que les gens regardent. Ces éléments déterminent à quel point les vidéos sont regardables, et donc comment elles finissent par performer:

Qualité - un éclairage approprié, une conception audio et sonore de qualité, un montage percutant et des structures de plan propres ne sont pas tout, mais ils aident certainement. Bien que cela dépende du type de vidéo, un bon appareil photo, un bon micro et un bon endroit pour filmer (parfois un écran vert facilite les choses, ou peut-être que vous opterez pour un contenu graphique uniquement avec des voix off) est généralement nécessaire.

Intro – en moyenne, près d'un quart des téléspectateurs quittent une vidéo dans les dix premières secondes. Alors, concentrez-vous sur la création d'intros collantes.

Durée - les gens ne veulent pas de vidéos extrêmement longues: la longueur moyenne d'une vidéo sur la page d'accueil YouTube est d'environ 14 minutes. Il est presque toujours préférable de pécher par excès de brièveté étant donné l'intérêt de maximiser le temps de visionnage. Visez une rétention des spectateurs (APV) de 50% ou plus, comme en témoigne la disparité des APC et le nombre de vues des vidéos ci-dessous qui en résulte.

Average percentage viewed	Views	Impressions	Impressions click-through rate
47.3%	14,686	213,790	4.5%

Average percentage viewed	Views	Impressions	Impressions click-through rate
57.0%	5,684,773	116,094,388	3.8%
	496.0K – 803.0K		

Average percentage viewed	Views	Impressions	Impressions click-through rate
54.7%	6,731,966	127,743,848	4.1%
	531.0K – 1.1M		

Titre & Poucel - Vos vignettes sont la façon dont vous vous présentez, et les premières impressions durent. La conception des vignettes vise à présenter le concept vidéo (sans mentir) dans la lumière la plus intrigante, je dois cliquer possible.

Comme les miniatures, les titres sont l'un des premiers moyens par lesquels un spectateur potentiel interagira avec vos vidéos. Les titres renvoient à l'objectif de la vidéo : quel est le thème général du contenu que vous créez et qui essayez-vous d'atteindre ? Si vous essayez d'atteindre un public de la génération Z avec une vidéo axée sur le divertissement, par exemple, les titres doivent utiliser un jargon partagé et se sentir informels. Pourtant, si vous créez des tutoriels avancés pour un public adulte, vous pouvez opter pour un titre plus direct ou structuré. De cette manière, cherchez toujours à organiser le titre de la vidéo et assurez-vous que le message des titres et des vignettes correspond.

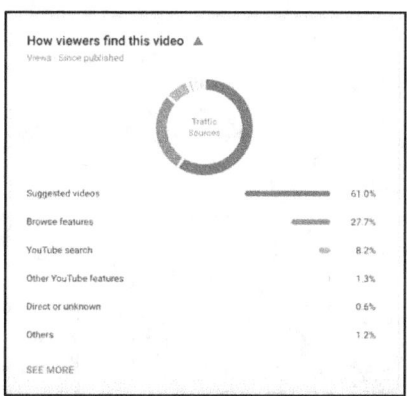

L'importance des vignettes est mise en évidence par l'image précédente, car une grande majorité des vues sont dérivées de vidéos suggérées et de fonctionnalités de navigation, chacune affichant des vidéos uniquement par le biais de sa vignette et de son titre.

Dans un titre, pensez à incorporer un crochet, des mots-clés et des chiffres, à créer de l'urgence, à définir clairement la solution ou la valeur fournie et à utiliser des mots émotifs. Prenez note de ces éléments dans les titres suivants :

 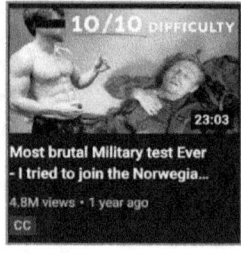 

xxvi

1. Le titre pose une question qui plaît à une partie importante des gens tandis que la vignette renforce encore le concept et la structure de la vidéo.

2. Le titre séduit tout le monde par le biais d'une incitation commune. Plusieurs parties déduisent la profondeur.

3. Une question intrigante est soutenue par une vignette faisant allusion à la nature professionnelle de l'orateur et, par conséquent, de la vidéo.

4. Le concept vidéo est basé sur une tendance alors actuelle, tandis que la valeur monétaire en déduit que le concept est tiré (par exemple, pas seulement clickbait).

5. Le titre clair présente la nouveauté, tandis que la vignette simpliste renforce le concept.

6. La proposition de valeur est très claire, un numéro est incorporé et la vignette est visuellement magnifique.

7. Le texte du titre accroche les personnes qui se considèrent comme intelligentes (le public cible du créateur) et l'intrigue est augmentée à travers le texte dans la vignette.
8. Les mots-clés pertinents sont placés dans la moitié arrière du titre, tandis que la première moitié (et la vignette) fait allusion à la nouveauté.
9. La preuve sociale est déduite à travers la combinaison et la vignette bien conçue.

Mots-clés. Utilisez une dizaine de mots-clés semi-spécifiques dans la section « tags » de chaque vidéo. Notez que YouTube indique que « les balises jouent un rôle minimal pour aider les téléspectateurs à trouver votre vidéo » - pourtant, surtout au début, ces mots-clés aident le groupe d'algorithmes et à classer le contenu. Dans l'image ci-dessous, gardez à l'esprit la spécificité des mots-clés par rapport au sujet de la vidéo (c'est-à-dire un défi de 2000 squats).

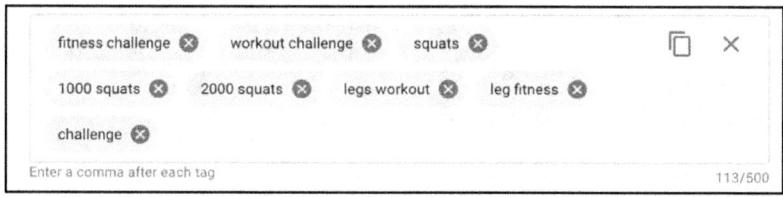

Valeur! Tous les éléments décrits précédemment sont importants. En fin de compte, chacun consiste à emballer des vidéos de manière optimale. Ce qui compte le plus, c'est la vidéo elle-même – comme pour tout contenu social, le temps que les gens restent sera inévitablement corrélé avec la valeur que vous leur fournissez, qu'il s'agisse d'une forme d'éducation, de divertissement ou des deux (quelle que soit la qualité de la vignette, du titre ou de l'intro). En somme, dirigez toujours avec les désirs et les besoins du spectateur. Si vous apportez de la valeur, vous gagnerez.

Jusqu'à présent, nous avons exploré l'idéation de contenu et comment faire une bonne vidéo. Examinons maintenant les méthodes et stratégies pour maximiser la croissance (au-delà des publicités et du marketing d'influence, comme indiqué plus loin) :

Fréquence: une fois par semaine est un minimum solide. La qualité, cependant, devrait toujours l'emporter sur la quantité.

Communauté : faites la promotion de votre chaîne sur d'autres plateformes sociales et dans la communauté et le réseau préexistants de votre entreprise.

Clip: découpez vos vidéos plus longues et partagez-les sous forme de courts métrages YouTube, ainsi que sur Instagram, TikTok, Facebook et partout où vous êtes présent dans une vidéo courte. Regroupez les vidéos par playlists sur YouTube.

Engagez et récompensez : organisez des cadeaux ou offrez des réductions. Publiez des vidéos avec d'autres créateurs et entreprises.

Notez comment Jordan Welch intègre régulièrement des personnalités populaires dans son créneau dans ses vidéos. Ce type de contenu surpasse systématiquement ses autres vidéos.

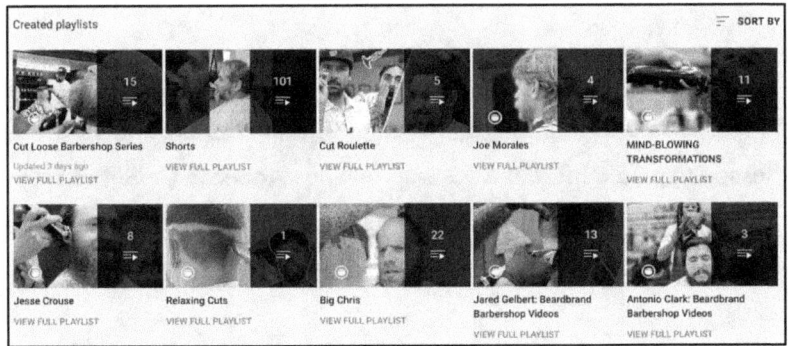

Notez comment Beardbrand ajoute la plupart de ses vidéos à diverses listes de lecture pour augmenter la présence dans les recherches et encourager les téléspectateurs à regarder plusieurs vidéos en une seule séance.

Monétisation. Une fois que vos chaînes YouTube atteignent 1 000 abonnés et 4 000 heures de visionnage, vous pouvez commencer à gagner de l'argent grâce aux annonces placées par YouTube sur la vidéo. Vous pouvez consulter ces conditions d'éligibilité sous l'onglet Monétisation à studio.youtube.com.

Les revenus des vidéos sont basés sur le RPM (revenu par millier de vues). Les niches gagnent différents RPM en fonction du montant d'argent que les annonceurs de ce créneau sont prêts à payer. De cette manière, les vidéos financières gagnent des RPM plus élevés que les vidéos de jeux, car les sociétés financières sont prêtes à payer plus pour que leurs annonces soient diffusées aux téléspectateurs YouTube. En plus de générer des revenus grâce aux publicités placées sur vos vidéos une fois que vous êtes monétisé, vous pouvez contrôler le nombre d'annonces placées sur une vidéo donnée, ainsi que l'endroit où chaque annonce est placée. En règle générale, placez une annonce pré-roll et une annonce mid-roll à environ huit minutes (selon la longueur de la vidéo).[15]

Vous pouvez choisir de réinvestir les revenus de YouTube dans des promotions vidéo. Pour illustrer cette stratégie, prenez la vidéo ci-dessous, qui a généré 5 800 $ de revenus AdSense (AdSense étant les plates-formes de monétisation de Google, qui gère les paiements de revenus publicitaires).

---

[15] Vous pouvez également placer une deuxième annonce légèrement avant que la rétention ne commence à baisser.

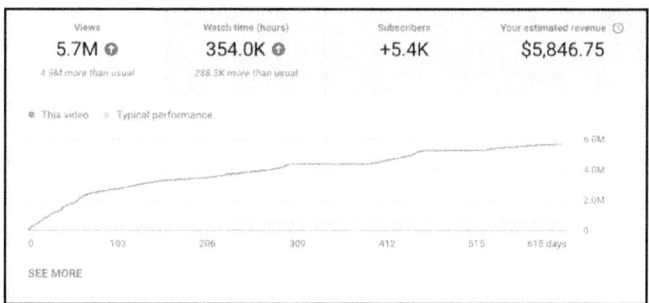

Si les revenus tirés de ce qui précède étaient réinvestis dans des publicités à un CPV de 0,01 $ (comme ci-dessus), 580 000 vues supplémentaires pourraient être dirigées vers une publicité ou une vidéo, ce qui rapporterait plusieurs centaines d'abonnés supplémentaires et environ 600 $ de revenus supplémentaires.

De cette manière, les entreprises sur YouTube peuvent soit réinvestir leurs revenus dans des promotions vidéo via des publicités YouTube, soit utiliser leurs revenus pour couvrir le coût de création de contenu. Cela témoigne de la valeur de YouTube non seulement en tant qu'outil permettant de pousser les clients plus loin dans un entonnoir, mais aussi de générer des revenus de premier plan.

Une fois monétisé, vous pouvez tirer parti de l'intégration de Teespring dans YouTube pour vendre des marchandises à partir d'une section « boutique » directement sous vos vidéos YouTube. Pour explorer cette fonctionnalité, visitez « marchandise » sous « monétisation » dans studio.youtube.com

Par-dessus tout, dirigez avec l'état d'esprit de YouTube étant un jeu à long terme. Les résultats font rapidement boule de neige, mais cela peut prendre un certain temps pour atteindre cette centaine, mille ou dix mille premiers abonnés. Tout au long du processus, n'oubliez pas que la cohérence et la valeur l'emporteront : si vous et votre entreprise faites ces deux choses, vous serez au courant des avantages révolutionnaires d'une présence réussie sur YouTube.

Grandir sur Twitter

Twitter est une plate-forme d'interactions rapides et de culture en évolution rapide. Les marques qui réussissent sur Twitter ont le pouce sur le pouls culturel non seulement de leur domaine, mais de la société. Les commentaires spirituels ou perspicaces sur les tendances et les nouvelles, le contenu engageant ou controversé relatif à votre image de marque et à votre entreprise, et la satire sont généralement les plus performants. Dans tous ces cas, faites de votre mieux pour créer du contenu que les gens retweeteront et ajouteront des commentaires. C'est ainsi que les tweets et les fils de discussion viraux (les fils sont des chaînes de tweets interdépendants, peut-être pour explorer une idée qui ne peut pas être expliquée dans un seul tweet, créé en répondant à ses propres tweets) explosent.

Au contraire, ne apparaissent trop édités ou professionnels en tant que marque sur Twitter. Twitter est une question de communauté et de culture, et la meilleure façon de gagner le cœur (et le portefeuille) des utilisateurs est par le biais d'un contenu créatif et engageant, pas en présentant votre entreprise ou vos produits (à moins qu'ils ne s'engagent vraiment sur un site suffisamment unique). Les gens peuvent voir à travers quiconque n'est pas « au courant » et apporter de l'aide pour ajouter de la pertinence si vous n'êtes pas vous-même un utilisateur de Twitter est une stratégie bien supérieure.

Ensuite, ne donnez pas l'impression que votre marque est interdite : engagez-vous par le biais de commentaires, établissez des relations avec les clients, encouragez les retweets et suivez (certaines) personnes.

Publiez au moins 1 à 2 fois par jour sur votre compte Twitter. Cela devrait varier en fonction des événements actuels auxquels votre entreprise peut raisonnablement ajouter des commentaires. Retweetez au strict minimum plusieurs fois par semaine. Notez que l'engagement est généralement le plus élevé entre 9 et 10 heures (comme toujours, ajustez le timing en fonction de vos analyses Twitter au fil du temps).

Découvrez quelques tweets historiques de grandes marques:

Notez comment @netflix annonce indirectement le spectacle (dont le nom est subtilement placé en bas à gauche de l'image) à travers une ligne spirituelle.

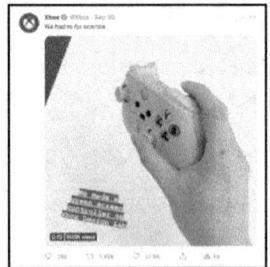

Notez comment @Xbox exploite un contenu attrayant pour montrer un côté personnel de l'équipe Xbox.

Notez l'utilisation des fils de discussion et l'incitation @SlimJim
créée pour que les téléspectateurs interagissent avec la
publication.

Grandir sur LinkedIn

La création d'une audience sur LinkedIn commence par la création
de profils. Assurez-vous que votre page LinkedIn personnelle, ainsi
que celle de votre entreprise, est entièrement remplie. Les profils
avec des informations complètes obtiennent en moyenne 30% de
vues en plus, tandis que ce différentiel s'étend pour les profils
publiant régulièrement du contenu. Assurez-vous de remplir
certaines pages vitrines, qui sont des extensions affiliées de la page
de votre entreprise utilisées pour mettre en évidence une unité
commerciale, une initiative ou un secteur vertical. Enfin, assurez-
vous que tous les éléments de profil de chaque page sont définis
sur public.

Comme toujours, Attirez d'abord un public de sources
extérieures. Assurez-vous d'avoir maximisé les connexions de votre
page LinkedIn personnelle et que les employés suivent votre page
d'entreprise LinkedIn. Enfin, assurez-vous de rejoindre et de
participer à des groupes LinkedIn pertinents.

Au-delà de ces Les bases du référencement et de l'optimisation, l'augmentation de l'exposition et la création d'une audience pour votre entreprise sur LinkedIn nécessitent la création de contenu. LinkedIn offre des outils de création de contenu faciles via la vue super administrateur de la page d'entreprise et permet aux administrateurs de page de créer et d'ajouter du contenu via une grande variété d'outils, notamment des sondages et un bac à sable complet de création d'articles.

Selon la stratégie numérique que vous avez créée, il est plus efficace de simplement repartager le contenu. sur LinkedIn qui a été initialement conçu pour d'autres plateformes, et vice versa. Par exemple, si votre entreprise a déjà un blog, prenez simplement ce contenu, modifiez-le pour l'adapter à votre page LinkedIn et partagez-le sur votre profil LinkedIn.

Les publications présentant un mélange de types de contenu, tels qu'une image d'en-tête, un article de blog ou un sondage, sont les plus performantes. Assurez-vous d'incorporer une variété de hashtags pertinents dans le contenu et de diviser les messages plus longs en courts paragraphes et en-têtes.

Partagez au moins 1 à 2 publications par semaine. Au-delà de la publication sur votre page d'entreprise, Publiez régulièrement sur votre profil personnel pour générer des prospects potentiels vers votre entreprise et engagez-vous régulièrement sur les deux profils dans les sections de commentaires. Facilitez la publication de contenu LinkedIn par les employés, par exemple lors d'événements d'entreprise, de promotions, de jalons, etc.

Au fur et à mesure de votre croissance, suivez les analyses pour mesurer ce que sont les visiteurs ou ne s'engagent pas, ainsi que les données démographiques qui constituent ces visiteurs.

Regroupez ces informations pour prendre des décisions sur l'idéation de contenu et la stratégie à l'avenir.

Si votre marque travaille avec des influenceurs ou d'autres entreprises, identifiez-les dans les publications et encouragez-les (mieux encore, coordonnez-les avec eux) à taguer votre marque en retour.

Enfin, envisagez d'utiliser les annonces LinkedIn pour Croissance du speedrun. Ce processus est décrit dans la section publicité.

Ces stratégies garantissent un moyen holistique non seulement de gagner un public et une base de consommateurs sur LinkedIn, mais aussi S'assurer que votre entreprise reste visible, génère des prospects dans un environnement professionnel et maximise les opportunités commerciales.

Notez quelques exemples de profils LinkedIn de petites entreprises bien faits:

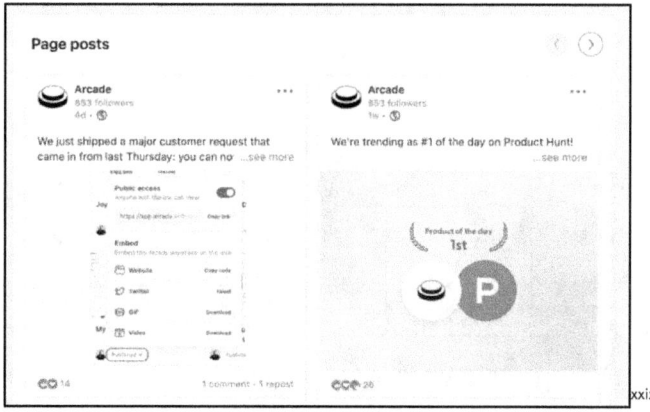

Notez le mélange de mises à jour de l'entreprise et de contenu attrayant de forme plus longue.

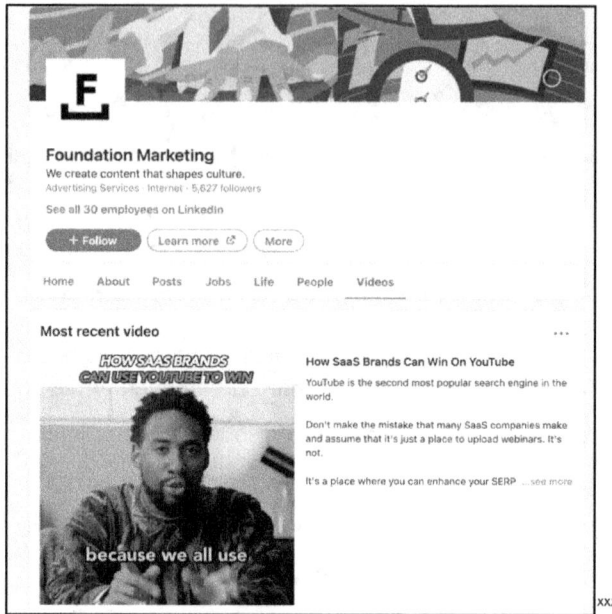

Notez l'utilisation de contenu vidéo de qualité pour transmettre l'autorité de la marque et stimuler l'engagement.

Grandir sur Pinterest

Pinterest est tout au sujet des visuels. Développer sur Pinterest commence par un flux constant d'images de qualité - si ce pipeline n'est pas déjà intégré à votre entreprise (comme dans le cas d'une société de mode ou d'immobilier), faire des efforts pour créer une audience Pinterest n'est pas la bonne décision.

Pinterest est basé sur les tableaux, qui représentent un thème central sous lequel les images sont organisées. Les images provenant d'Internet peuvent être « épinglées » à un tableau, ou les images déjà présentes sur Pinterest peuvent être « réépinglées » dans un autre tableau. Les épingles peuvent être commentées.

Donc, grandir sur Pinterest Reflète le nombre d'images que vous publiez, le nombre de cartes dont vous disposez et le nombre de broches et de réépingles que vous orchestrez. Un minimum de cinq épingles par jour (de préférence quelques dizaines) est nécessaire pour développer une audience. Mashable et Pinerily ont constaté que les samedis, les après-midi et les soirées sont les meilleurs jours et moments en termes d'engagement.

En ce qui concerne le contenu lui-même, Pinterest est conçu autour d'images de haute qualité sans visages humains (figures/corps) sont bien), pas de texte ni de bordures, et un contenu visuel attrayant. Pour chaque épingle et tableau, assurez-vous de remplir les descriptions associées avec un contenu riche en mots clés qui inclut votre nom de marque. Visitez trends.pinterest.com pour des idées de contenu. Enfin, notez que les vidéos peuvent être publiées, donc republier du contenu court est un excellent moyen de recycler le contenu réussi. Assurez-vous simplement qu'il est pertinent pour votre public Pinterest.

La publication régulière d'épingles provenant de divers sites Web (principalement, bien sûr, le vôtre) est mieux accompagnée d'un engagement régulier par le biais de tableaux de groupe, de sections de commentaires et de contenu publié par d'autres marques.

Notez la cohérence du contenu Pinterest, ainsi que le volume pur d'épingles sur chaque tableau.

Je vais dis-le encore: Pinterest est un must pour les marques visuelles, en particulier pour celles qui vendent des produits ou des services en ligne. Si c'est vous, partagez au moins les photos que vous utilisez déjà au sein de votre entreprise sur la plate-forme. La croissance fera boule de neige au fil du temps à mesure que les utilisateurs trouveront et réépingleront votre contenu.

Création de contenu social

Je dans cette section, nous aborderons brièvement quelques notions de base de la création de contenu vidéo, photo et graphique.

Graphisme

  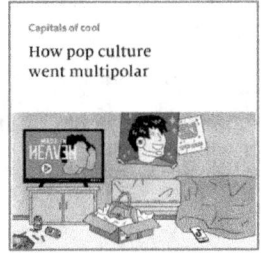

xxxi

La plupart des entreprises opérant sur les médias sociaux intègrent fortement la conception graphique dans leur stratégie de contenu. Ce genre de messages est généralement visuellement simple et coloré. Il transmet des informations par le biais de textes et de dessins vectoriels simples (par exemple, des images simplistes, des dessins animés ou des formes tracées).

Les graphiques de ce type ne sont pas Extraordinairement difficile à faire et nécessite juste quelques connaissances de base dans l'utilisation d'un certain nombre d'outils de conception en ligne. Vous pouvez externaliser ce type de travail, qui est généralement bon marché (l'externalisation est couverte dans le prochain chapitre sur l'automatisation et la durabilité) ou le faire vous-même. Ce dernier se fait généralement sur les plateformes suivantes :

Canva - Canva est un outil de conception graphique ultra-simpliste et bricoleur. Il est gratuit et offre une variété de modèles prédéfinis.

Photoshop - Photoshop présente une suite complète d'outils de retouche photo. Il nécessite un peu plus de temps pour apprendre par rapport à une option comme Canva et coûte 20 $ par mois (selon votre choix de formule Creative Cloud), mais présente un environnement d'édition professionnel et complet.

Photopea - Photopea est un service gratuit inspiré de Photoshop. Il représente un mélange entre les deux services décrits précédemment.

Pour vous inspirer des droits d'auteur et du style des graphiques publiés par votre entreprise, il est préférable de regarder ce que font les concurrents ou les marques que vous cherchez à imiter et de travailler à partir de là. Concentrez-vous sur des messages et du texte simples (pas le temps pour les paragraphes ni les explications approfondies!) et incorporez la stratégie et l'identité de la marque.

Photo

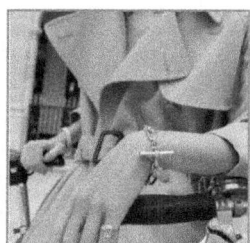

xxxii

Le contenu photographique est le niveau intermédiaire en termes de difficulté entre les graphiques et la vidéo. Les bonnes photos ne nécessitent pas d'appareils photo obscènement coûteux; la plupart des appareils photo Canon relativement bon marché (1 à 2 000 $) sont plus que suffisants (le matériel loué fait également le travail). La principale difficulté réside dans la configuration des photos, en particulier pour les photos de produits. D'autres types de prises de vue principalement utilisées par les entreprises – photos d'événements, lieu de l'entreprise, etc. – sont pré-construites avec un décor, ce qui rend le travail qui en résulte beaucoup plus facile.

Quand il s'agit de superbes photos de produits, vous n'avez besoin de le faire qu'une seule fois - soyez prêt à dépenser de l'argent pour embaucher des photographes pour faire un premier lot si vous ne vous sentez pas à l'aise de prendre les photos vous-même. Si vous êtes un peu à l'aise derrière un appareil photo, utilisez l'application Peerspace pour trouver des lieux de tournage. Les grands espaces coûtent aussi peu que 25 $ l'heure, tandis que les emplacements plus chics peuvent coûter jusqu'à 150 $ ou plus de l'heure. Peu de connaissances techniques sont requises et l'utilisation d'espaces loués comme ceux de la page suivante est de loin le moyen le plus rentable d'accéder à des ensembles de photos de qualité.

xxxiii

Lorsque vous prenez tout type de photos liées à une entreprise, la simplicité est généralement préférable. Essayez de vous en tenir à un thème stylistique général et à un profil de couleurs.

Dans les images abstraites ci-dessous, notez l'utilisation de la lumière, du contraste et de la mise au point.

Dans les images de produits ci-dessous, notez la simplicité des arrière-plans et des profils de couleurs.

Encore une fois, bien que la barrière d'entrée à la prise du type de photos les plus utilisées par les petites entreprises, telles que les photos de produits et de lieux, les médias événementiels et les photos d'équipe, ne soit pas incroyablement difficile à créer, il faut souligner que les visuels sont incroyablement importants dans l'espace en ligne. Il est de loin préférable de dépenser de l'argent supplémentaire et d'embaucher une agence que de le faire vous-même si vous ne vous sentez pas à l'aise de travailler avec des caméras et des décors.

En résumé: en tant qu'entreprise, investissez le temps, les efforts et l'argent nécessaires pour bien paraître. Une telle stratégie est éminemment nécessaire dans les environnements numériques.

Vidéo

xxxv

La vidéo est importante pour les entreprises car c'est un moyen très efficace de communiquer une grande quantité d'informations à un spectateur dans un court laps de temps (si une image vaut mille mots, que vaut une vidéo?).

Que vous créiez des clips courts, des vidéos YouTube plus longues ou des annonces vidéo, il est précieux de savoir comment produire de superbes vidéos à un coût minimal.

La vidéographie pour les entreprises est mieux considérée comme une extension de la photographie: gardez-la visuellement simple et ne ressentez pas le besoin de faire des folies sur des décors fous ni des modifications excessives (ni une résolution 4k - 1080p est très bien). Gardez simplement à l'esprit que vous aurez besoin de microphones (que ce soit sur le corps ou sur la caméra pour faire le travail) en plus d'une caméra lors du tournage de vidéos.

Si vous cherchez à faire des vidéos en interne, la même stratégie de location de plateaux vidéo via un service tel que Peerspace est la plus rentable. Le montage se fait mieux via Adobe Premiere Pro ou Final Cut Pro. DaVinci Resolve est une excellente alternative gratuite.

Enfin, n'ayez pas peur d'externaliser la production vidéo – tout comme pour la photographie, c'est le nombre de personnes qui seront présentées à votre entreprise. Il est préférable de bien le faire à un coût plus élevé – mais ne souscrivez pas à l'idée que vous ne pouvez pas le faire correctement en interne, ni en dehors d'un budget raisonnable.

Automatisation et durabilité

La plupart des créateurs et des gestionnaires de médias sociaux omettent de mentionner que *les médias sociaux sont difficiles*. Établir une présence en ligne est difficile. Créer du contenu attrayant est difficile. Construire un entonnoir optimisé est difficile. Ils doivent être difficiles, car le butin du succès est immense — comme le dit l'adage, si c'était facile, tout le monde le ferait.

Heureusement, il existe des outils qui facilitent la gestion des aspects numériques de votre entreprise. **L'externalisation** consiste à faire appel à d'autres personnes, généralement des travailleurs spécialisés, pour gérer certaines parties de l'entreprise. **L'automatisation** consiste à construire des systèmes qui fonctionnent eux-mêmes. Presque tous les aspects des médias sociaux et numériques peuvent être externalisés ou automatisés au profit notable du propriétaire de l'entreprise.

Aujourd'hui, l'externalisation se fait par le biais d'une variété de services qui vous mettent en contact avec des pigistes spécialisés. Ces services sont précieux pour plusieurs raisons: principalement, puisqu'ils vous connectent à des pigistes du monde entier et que le domaine est si compétitif du côté de l'offre, vous avez accès à une vaste gamme de travailleurs potentiels et à des prix bas. De cette manière, bon nombre des tâches subalternes inhérentes au marketing numérique et social sont des fruits à portée de main à externaliser à un coût relativement faible. Bien sûr, si vous avez une main-d'œuvre prête à faire le travail en personne (encore une fois, les stagiaires sont parfaits pour cela), c'est généralement la meilleure option, mais pour tous les autres, l'externalisation est la voie à suivre. Voici quelques tâches courantes qui sont facilement externalisées :

- Création de site web.
- Recherche de tendances.
- Idéation de contenu.
- Article et rédaction.
- Gestion de campagnes PPC (pay-per-click).
- Publication de contenu.

Il peut sembler étrange de donner à un étranger l'accès à certaines parties de votre entreprise. Gardez à l'esprit que les pigistes comptent sur de bonnes critiques et le bouche-à-oreille pour générer des clients; En travaillant uniquement avec des pigistes établis (ou des agences) présentant une solide histoire et une base d'examen, il n'y a absolument aucun risque de sécurité dans l'externalisation.

La principale difficulté de travailler avec des pigistes est qu'ils ne sont pas aussi familiers avec le fonctionnement et la stratégie de marque de votre entreprise que vous et vos employés (c'est pourquoi les tâches les plus facilement externalisées sont celles qui nécessitent peu de connaissances réelles de l'entreprise). Il existe plusieurs solutions au problème: premièrement, partagez simplement les ressources qui éduquent les pigistes sur votre entreprise et votre vision (c'est beaucoup plus réaliste si les pigistes sont engagés à long terme), ou deuxièmement, travaillez avec une agence qui consacre un degré inhabituel de temps et d'efforts à la compréhension de votre entreprise (en termes simples, trouvez de bons pigistes et agences avec qui travailler).

Quant à savoir où exactement ces pigistes peuvent être trouvés, considérez la liste suivante:

- **Fiverr** : Fiverr est le plus grand marché pour les pigistes et présente un large éventail d'offres. C'est le service le moins contrôlé, mais souvent le moins coûteux, de cette liste.
- **Upwork:** Upwork est un leader de l'industrie dans l'espace des pigistes principalement axé sur le développement Web, la conception graphique, la rédaction et les services de marketing. Upwork est idéal pour établir des relations et des contrats à long terme.
- **Designhill** : se spécialise dans les services graphiques et de conception Web.
- **Toptal:** sélectionne les pigistes pour n'offrir que « les 3% de meilleurs talents indépendants ». Toptal se concentre sur les services dans les domaines du développement de logiciels, de la conception et de la gestion de produits.
- **Reedsy:** se spécialise dans la fourniture de services aux auteurs, mais est idéal pour embaucher tout type d'éditeur ou d'écrivain fantôme pour le blog, la rédaction ou le travail de conception graphique.
- **99designs** : spécialisé dans les services de design.
- **Codeable:** spécialisé dans tout ce qui concerne WordPress.
- **Gun.io:** Spécialisé en génie logiciel.
- **PeoplePerHour** : idéal pour les projets à court terme.
- **Skyword:** se concentre sur l'écriture et la stratégie de contenu.

Si vous préférez travailler avec une agence, qui est généralement plus chère mais offre une expérience plus personnalisée et un plus grand volume de services. Vous pouvez en trouver des locaux simplement en recherchant « agence de médias sociaux près de chez moi » ou « agence de marketing numérique près de chez moi » sur Google. Vous pouvez également trouver un certain nombre d'agences qui opèrent numériquement en recherchant les tâches que vous cherchez à externaliser.

Quand il s'agit de En externalisant des tâches peu qualifiées, optez pour le meilleur prix. Pour les tâches hautement qualifiées, concentrez-vous sur la qualité plutôt que sur le prix.

De plus, notez que les sites Web de pigistes qui vous obligent à publier un emploi et les pigistes à concourir pour la place incitent souvent les pigistes à enchérir de manière significative en dessous de leur taux idéal. Profitez de ce processus par rapport à des sites comme Fiverr lorsque vous consultez les offres d'emploi publiées par les pigistes.

C'est ce que vous devez savoir en matière d'externalisation : c'est une méthode puissante pour simplifier et accélérer le processus de marketing numérique (ou vraiment n'importe quel processus métier d'ailleurs) à n'importe quel niveau ou type d'entreprise.

La deuxième voie de faire ces mêmes choses est de l'automatisationAuparavant définie comme la création de systèmes qui fonctionnent eux-mêmes, l'automatisation est mieux considérée comme la suppression du travail et des efforts humains d'un processus, généralement par le biais de logiciels et de code. Alors que l'externalisation remplace la main-d'œuvre interne par la main-d'œuvre externe, l'automatisation est beaucoup plus proche d'une solution ponctuelle : une fois qu'une tâche dominée par l'humain est automatisée, elle revient rarement.

L'automatisation est extrêmement répandue dans l'espace numérique. Les entreprises intègrent des logiciels et de l'automatisation dans tous les types de tâches importantes, y compris non seulement celles que les humains effectuaient autrefois, mais celles qui n'ont jamais pu être effectuées par des travailleurs humains. Considérez certains aspects du marketing numérique mûrs pour l'automatisation:

- Gestion et optimisation des PPC (par exemple, ajustements des dépenses publicitaires conformément aux règles de performance)
- Engagement sur les médias sociaux (répondeurs automatiques DM, engagement automatique)
- Affichage (planification des publications)

Le type d'automatisation le plus simple à mettre en œuvre est SaaS, ou logiciel en tant que service, qui vous permet de payer un abonnement mensuel pour utiliser un logiciel qui automatise certains aspects de vos activités numériques.

Par exemple, je J'ai travaillé avec Ivan chez AdsDroid pendant un certain temps pour gérer mes annonces Amazon. Son logiciel identifie automatiquement les mots clés les plus performants et modifie les enchères publicitaires au fil du temps. De cette manière, sans rien coder vous-même, vous pouvez tirer parti de puissants outils logiciels pour automatiser les flux de travail numériques.

Je vais énumérer quelques services d'automatisation numérique populaires ci-dessous, ainsi que leur objectif prévu:

- **Zapier** - automatisation personnalisée sur 5 000 applications.
- **Hootsuite** - planifiez des publications, surveillez la concurrence et affichez des analyses uniques.
- **Plus tard** - planifiez les publications et gérez les commentaires.
- **Tailwind** - outil de planification et d'analyse, idéal pour Pinterest.
- **CoSchedule** - planificateur de publication en masse.
- **Iconosquare** - analyses avancées.
- **BuzzSumo** - identifiez les sujets tendance et les influenceurs.
- **Scoop.it** - organiser le contenu provenant d'autres sources.
- **Mention -** voyez où votre marque est mentionnée, identifiez les influenceurs et surveillez les mots-clés en temps réel.
- **MeetEdgar -** créez une bibliothèque de contenu que vous souhaitez partager sur différentes plates-formes et faites-la automatiquement planifier et partager pour vous.
- **SocialPilot** - planification des publications, collaboration d'équipe, téléchargement en masse, gestion des campagnes publicitaires Facebook.
- **Gestionnaire de pages Facebook** - gérez vos pages Facebook.
- **Zoho Social** - outil de planification et d'analyse, idéal pour les équipes qui collaborent numériquement.

- **PromoRepublic** - plate-forme de marketing local.
- **Audiense Connect** - Gestion Twitter.
- **Napolean Cat** - large gamme de fonctionnalités d'automatisation pour les campagnes multiplateformes.

D'autres outils peuvent être utilisés pour gérer la collaboration numérique, comme suit :

- **Slack** - communication interne.
- **Asana** - collaborez sur des projets.
- **Trello** - organisez vos projets.

En somme, l'automatisation présente une deuxième méthode pour atténuer les coûts (en termes de temps et d'efforts ainsi que d'argent) des opérations numériques. L'efficacité est l'objectif : puisque les médias sociaux sont un jeu à long terme, l'élimination du travail à court terme et de l'effort créatif mis dans les médias sociaux et tous les types d'opérations numériques tout en maintenant la production assure au mieux la longévité et le succès de toute entreprise numérique.

Publicités

Les personnes et les entreprises spécialisées dans la publicité payante ont essentiellement accès à une imprimante monétaire. Il y a un excès de canaux publicitaires disponibles, allant de Facebook et TikTok à Google et YouTube. La plupart des publicités sont destinées à vendre un produit de service, bien que certaines grandes entreprises lancent des campagnes massives juste pour renforcer la bonne volonté de la marque. Les bonnes annonces conçues pour vendre un produit ou un service sont rentables à vie; le bénéfice généré par les publicités est supérieur aux dépenses publicitaires, pas nécessairement à court terme, mais compte tenu de la valeur client dérivée à vie (LTV).

Étant donné que la publicité payante est si évolutive et atteint tant de centaines de millions de personnes, les publicités rentables ou rentables sont un outil incroyablement précieux. Bien sûr, la publicité en ligne n'est pas un secret, et ce n'est pas facile. De nombreux opérateurs publicitaires opèrent à perte pour générer du trafic et des ventes vers leurs produits dans l'espoir que le marketing payant finisse par créer un élan organique.

Quelle que soit la rentabilité objective des dépenses publicitaires, une personne capable d'améliorer l'efficacité des publicités d'une entreprise, quelle que soit cette efficacité, vaut beaucoup d'argent pour cette organisation. Une personne qui excelle dans la publicité payante peut générer d'énormes quantités de trafic ciblé vers les sites Web de son choix, et de nombreux entrepreneurs individuels l'utilisent dans leurs propres activités.

Alors, qu'est-ce que la publicité payante implique? Généralement, la publicité implique un entonnoir. Chaque entonnoir publicitaire comporte plusieurs étapes, ce qui présente aux gens la marque et l'entreprise au niveau le plus élevé, et les transforme en clients payants au niveau le plus bas. Les entonnoirs n'ont pas toujours besoin d'être dirigés vers un point d'achat, mais uniquement vers les KPI identifiés dans les sections de la marque et de la stratégie sociale. Par exemple, considérons l'entonnoir suivant d'une entreprise théorique :

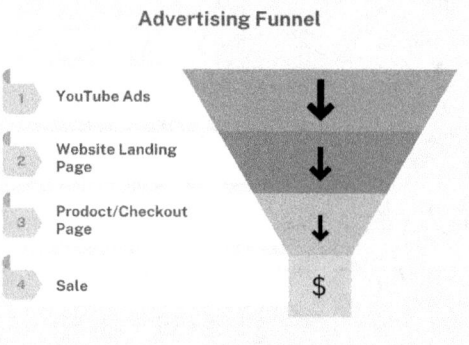

Advertising Funnel

1 YouTube Ads

2 Website Landing Page

3 Prodoct/Checkout Page

4 Sale

Créer de grands entonnoirs publicitaires payants ne concerne pas seulement les publicités. Au lieu de cela, chaque étape de l'entonnoir doit être optimisée pour amener autant de personnes que possible à l'étape suivante. Dans le cas théorique, disons que 1 million de personnes voient l'annonce YouTube de la petite entreprise. Sur le million, seulement 10 000 cliquent sur l'annonce et progressent vers la page de destination. Ensuite, seulement 1 000 progressent vers la page de paiement du produit et 100 se transforment en vente. À n'importe quel stade, une mauvaise étape dans l'entonnoir (par exemple, un mauvais site Web, une annonce ou une mauvaise page de paiement) pourrait avoir un impact considérable sur les résultats. De cette manière, chaque étape doit être travaillée pour s'assurer que le meilleur entonnoir global possible est créé. Explorons des conseils pour créer et améliorer chaque étape de l'entonnoir.

Au sommet d'un entonnoir publicitaire payant se trouve une annonce, qui est montrée aux utilisateurs d'un média donné, tel qu'un site Web de réseautage social. Les annonces sont généralement l'étape de conversion la plus basse de tout l'entonnoir, car les utilisateurs sont surexposés aux annonces sur la plupart des plates-formes. Bien que le sujet de la création d'annonces soit exploré en profondeur dans les sections par plate-forme publicitaire, concentrez-vous sur ces éléments clés à tous les niveaux (et sur toutes les plateformes) lors de la création d'annonces :

Créez en pensant à votre public. Vous ne créez pas une publicité pour tout le monde. Vous créez des publicités conçues pour trouver un écho auprès de votre audience (vos futurs clients). Gardez ce groupe et ses problèmes spécifiques au centre de l'attention.

Rédaction/expression orale. Selon le format (photo, vidéo, texte, etc.), vous disposez d'un court laps de temps pour communiquer un message à vos spectateurs. Dans les annonces vidéo, vous devez avoir un crochet concis (en fonction de la longueur), tandis que dans les annonces photo et textuelles, un titre accrocheur est impératif. Travaillez sur la simplicité et intégrez les slogans de marque identifiés dans la section stratégie de marque. Assurez-vous, avant tout, que si vous étiez dans la peau d'un client potentiel, vous continueriez à regarder votre propre publicité (demandez aussi à des amis – vous pourriez être un peu partial).

Design (visuels). Les visuels, ou images, dépendent du type de publicité que vous choisissez de produire. Les annonces vidéo sont visuellement différentes des graphiques ou des annonces textuelles. En ce qui concerne les publicités vidéo, les visuels et les éléments de conception doivent soutenir et renforcer le message et l'appel à l'action. Repensez à la section stratégie de marque et basez la conception sur ces choix. Tenez compte du rythme et de la longueur : vous souhaitez produire une publicité vidéo de 15 secondes, ou peut-être une vidéo plus longue de 2 minutes. Ces choix seront examinés en profondeur tout au long de la section des annonces YouTube. Pour les publicités basées sur des photos, il est encore plus important que les éléments visuels prennent en charge le message et l'appel à l'action de l'annonce. Restez simple et conforme à la marque.

Message. Au-delà de l'accroche initiale, les grandes publicités axées sur les produits confèrent clairement la valeur de leur entreprise et de leur offre aux téléspectateurs. La plupart identifient ou font allusion à un problème et décrivent la solution proposée, souvent d'une manière qui intègre la preuve sociale. Quel que soit le type de publicités que vous produisez, gardez le message à l'esprit et gardez-le court et puissant.

Appel à l'action. Les appels à l'action encouragent les clients à prendre les mesures menant à votre KPI. Les appels à l'action peuvent prendre la forme d'« acheter maintenant », « réserver un appel » ou « en savoir plus ». Quoi qu'il en soit, assurez-vous qu'il est visuellement clair et direct. Envisagez d'offrir une sorte d'incitation au-delà de la proposition de valeur de l'entreprise, comme un rabais, un essai ou une récompense, et visez à accroître l'urgence.

Après les conversions dérivées des annonces, les clients sont généralement dirigés vers une page de destination quelconque. Une page de destination est une ère Web autonome créée spécifiquement pour une campagne marketing. Alternativement, vous pouvez diriger les téléspectateurs vers un profil social de votre entreprise sur lequel vous cherchez à développer un suivi. La page de destination dirige généralement les utilisateurs vers la dernière étape de l'entonnoir, qu'il s'agisse de rejoindre une liste de diffusion, de visiter l'emplacement géographique d'un magasin ou d'acheter un produit en ligne. Lorsque vous créez des pages de destination ou des sites Web, tenez compte des meilleures pratiques suivantes :

Communiquez clairement un message. La plupart des gens cliqueront sur votre page de destination presque immédiatement. Votre page doit avoir un titre fort qui confère de manière concise la valeur de la page (pourquoi un spectateur devrait rester). Vous pouvez utiliser le slogan de votre entreprise ou offrir un rabais. Peu importe comment vous le faites, assurez-vous qu'une personne de votre public cible qui n'a aucune exposition préalable à votre entreprise voudra rester.

Des visuels vibrants et une copie convaincante. Cela est lié à votre stratégie de marque dans son ensemble - assurez-vous que les visuels (qui sont un must!) et les couleurs de la page de destination communiquent l'ambiance de l'entreprise. Par exemple, si vous êtes une agence de design d'intérieur personnalisée, vous pouvez opter pour des couleurs claires et amicales et des images de clients et de membres de l'équipe heureux. Si vous offrez des conseils opérationnels aux entreprises, vous pouvez utiliser un ensemble de couleurs plus sombre et plus raffiné avec des visuels axés sur les données. De plus, assurez-vous que votre titre est suivi d'une rédaction concise mais puissante. Les témoignages, les photos avec les clients et les visuels de preuve sociale (tout ce qui communique que vous êtes réel et professionnel) fonctionnent bien.

Appel à l'action fort. Votre appel à l'action incite les visiteurs de la page à effectuer une action qui les pousse plus loin dans votre entonnoir. Par exemple, « télécharger », « obtenir maintenant » et « réserver un appel » sont tous des appels à l'action. Assurez-vous que l'appel à l'action sur votre page de destination est clair et que tous les éléments de la page y dirigent les utilisateurs. Vous pouvez offrir une sorte de rabais ou de récompense pour encourager les gens à répondre à l'appel à l'action.

Assurez-vous que le processus d'inscription à l'appel à l'action n'est pas difficile. Cliquer sur « réserver un appel » et devoir ensuite remplir des pages d'informations personnelles, par exemple, est sûr de réduire considérablement les taux d'inscription, même une fois le bouton d'appel à l'action cliqué. Il s'agit plutôt de simplifier et de raccourcir le l'expérience client autant que raisonnablement possible.

Nous avons maintenant exploré les étapes générales impliquées dans la création d'un entonnoir publicitaire payant : d'abord l'annonce, puis la page de destination, et enfin l'appel à l'action et le comportement qui en résulte. Nous allons maintenant passer à une description des principales plates-formes publicitaires et des meilleures pratiques pour chacune.

Annonces Google

Google ads est la plate-forme publicitaire par excellence des moteurs de recherche. Il diffuse des annonces aux 70 000 personnes qui googlent quelque chose chaque seconde et à ses quatre milliards d'utilisateurs au total.

Google Ads affiche un taux de clics moyen de 2 %, ce qui signifie qu'un utilisateur sur cinquante clique sur un 1,2 million d'entreprises utilisent les annonces Google, tandis que les entreprises génèrent en moyenne 2 dollars de revenus pour chaque dollar publicitaire dépensé.

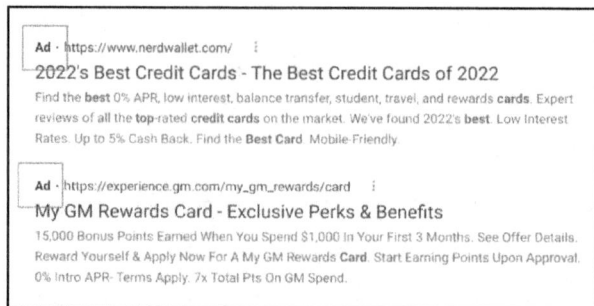

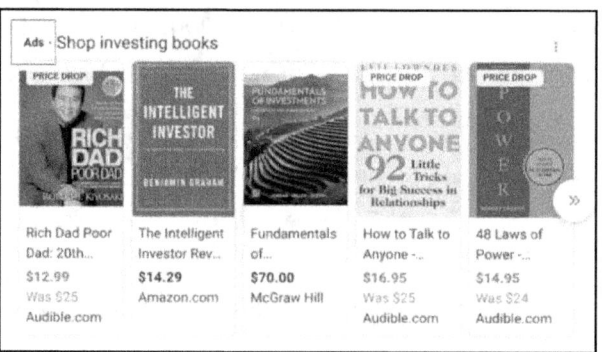

En résumé, Google Ads est un outil puissant pour tous les types d'entreprises. Les annonces Google sont construites sur un PPC, ou modèle de paiement par clic. Cela signifie que vous ne payez que lorsque votre annonce est cliquée : si 1 personne sur 100 clique sur l'annonce, vous ne payez que pour le clic, pas pour les cent vues (appelées impressions).). Gardez les termes suivants à l'esprit non seulement en ce qui concerne les annonces Google, mais toutes les plates-formes d'annonces PPC:

- Un **mot-clé** est un mot ou une expression recherché par les utilisateurs qui voient votre annonce.
- Taux de clics, connu sous le nom de **CTR** ou **CTW (en anglais)**, est le nombre de clics divisés par les impressions,

ou le nombre de personnes qui ont cliqué sur votre annonce par rapport au nombre de personnes qui l'ont vue (par exemple, si une personne sur cent clique sur une annonce, le CTR est de 1%).

- Un **offre** est le montant que vous êtes prêt à payer pour chaque clic. Les plateformes publicitaires fonctionnent comme des maisons de vente aux enchères : étant donné que de nombreuses entreprises sont en concurrence pour les mêmes mots clés, seule l'annonce avec l'offre la plus élevée obtient le placement.[16]

- Votre **CPC**, ou coût par clic, est le coût des annonces divisé par le nombre de clics.

- **ROAS**, ou le retour sur les dépenses publicitaires, équivaut à la valeur de conversion totale (par exemple, les unités vendues ou les clients générés) divisée par les coûts totaux. Il est similaire de cette manière au retour sur investissement, mais gardez à l'esprit qu'il est basé sur les revenus divisés par les coûts, et non sur les bénéfices.

Avec ces termes à l'esprit, consultez **ads.google.com** pour commencer à utiliser les annonces Google. Notez que Google offre 500 $ en crédit publicitaire gratuit aux nouveaux utilisateurs qui dépensent 500 $ en annonces.

Une fois que vous vous êtes inscrit avec votre adresse e-mail professionnelle, suivez quelques brèves étapes de

---

[16] Il s'agit d'une simplification. Tenez-vous-en pour l'instant, mais gardez à l'esprit que la qualité compte, pas seulement le prix de l'offre.

configuration. Vous arriverez à la page « il est maintenant temps d'écrire votre annonce ».

Lorsque vous rédigez une copie, concentrez-vous sur la simplicité. Vous avez un espace limité, alors repensez à votre public cible et à votre message. Incluez un appel à l'action et assurez-vous que vos annonces correspondent à ce que les internautes ressentiront lorsqu'ils cliqueront sur l'annonce et progresseront dans l'entonnoir. Utilisez la preuve sociale et, si vous avez l'intention de faire de la publicité localement, indiquez clairement que vous desservez une zone locale spécifique.

Sur la page suivante, choisissez des mots-clés spécifiques et pertinents que vous imaginez quelqu'un intéressé par votre produit ou service chercherait. Ensuite, spécifiez les emplacements dans lesquels vous souhaitez que votre annonce soit diffusée. Si vous êtes une entreprise avec un emplacement physique, optez pour l'hyper-local. Si ce n'est pas le cas, choisissez les zones qui représentent le plus le groupe démographique que vous visez.

Enfin, choisissez un budget raisonnable (commencez petit, mais pas assez petit pour que les résultats soient difficiles à mesurer). Une fois que vous avez ajouté des informations de paiement, vous êtes prêt à partir! Confirmez simplement que l'offre de crédit de 500 $ est appliquée à votre compte (visible lorsque vous ajoutez des informations de paiement).

Le Google L'algorithme ADDS intègre un score de qualité dans les enchères. Pour cette raison, les nouveaux comptes et campagnes peuvent prendre un certain temps à se mettre en place - comprenez que c'est Google qui détermine la qualité de votre annonce, pas votre faute.

Lorsque vous continuez à utiliser les annonces Google, envisagez les stratégies et les bonnes pratiques suivantes :

- **Titres et descriptions des tests A/B.** Le jeu publicitaire consiste à tester autant d'annonces et de mots clés que raisonnablement possible et à les trier pour identifier les plus performants. Pour ce faire, effectuez des tests A/B en créant de nouvelles annonces qui ne modifient qu'une seule variable des annonces les plus performantes. Par exemple, si le fait de cibler les personnes au Canada avec le terme de recherche « acheter du matériel photo » est votre publicité la plus performante, essayez de faire de la publicité avec le même mot clé au Royaume-Uni. Les tests fractionnés de cette manière au fil du temps, ainsi que la superposition sur les domaines démographiques et d'intérêt (sur d'autres plates-formes ainsi que Google), est la formule éprouvée pour le succès PPC à long terme.

- **Éliminez les mots-clés et les emplacements peu performants au fil du temps.** En testant de nombreux mots-clés et en supprimant systématiquement ceux qui ont le rendement le plus faible, vous obtiendrez les annonces les plus rentables et les moins coûteuses.

- **Faites de la publicité sur les mots-clés des concurrents.** Si les gens recherchent des concurrents qui offrent des produits ou des services similaires aux vôtres, ils seront probablement également intéressés par vos produits et services. Alors, ajoutez simplement les noms de vos concurrents en tant que mots clés sur lesquels vos annonces s'afficheront. Lorsque vous utilisez cette stratégie, concentrez-vous sur ce qui vous différencie de la concurrence dans les titres et les descriptions.

Notez comment ces stratégies se déroulent dans une promotion de livre que je suis en train d'exécuter (ci-dessous). L'annonce fonctionne à un faible CTR de 1% et à un CPC similaire de 0,05 $. Étant donné qu'environ 3% des clics se convertissent en vente et que le bénéfice moyen tiré de chaque vente est de 3,5 $, l'annonce génère un ROAS de profit de 1,8, soit 1,8 $ de bénéfice brut pour chaque dollar dépensé en publicité.

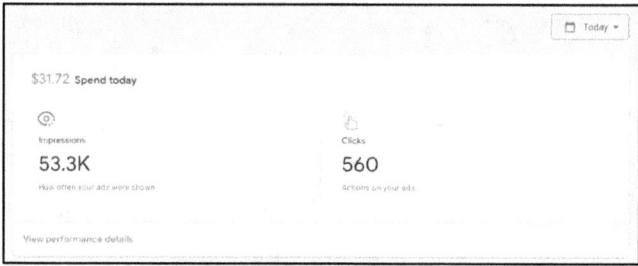

En plus de ces stratégies globales, voici quelques outils qui peuvent vous aider à identifier les mots clés et à optimiser les annonces :

- **SEMrush** : recherche et analyse de mots-clés puissants.
- **SpyFu:** suivi des mots-clés et recherche de concurrents.
- **Répondez au public** : voyez ce que les gens recherchent.
- **ClickCease** : empêche la fraude au clic et les fermes de clics.
- **Dashword**: optimiser le texte de l'annonce.

Je conclurai en réaffirmant que Google est de loin la plus grande plate-forme publicitaire au monde, avec des milliards de consommateurs qui cliquent sur ses annonces. Donnez-lui du temps et comprenez que la rentabilité ne dépend pas seulement de la chance quand il s'agit de succès PPC, mais plutôt du travail que vous mettez dans l'optimisation des campagnes.

Annonces YouTube

En tant que premier site mondial de partage de vidéos, YouTube enregistre plus de deux milliards de visiteurs uniques par mois. Par rapport aux annonces Google textuelles, YouTube vous permet de vous présenter à un public de manière très visuelle et, si elle est bien faite, attrayante.

Étant donné que Google possède YouTube, les annonces YouTube peuvent être configurées sur la plate-forme Google Ads, et YouTube vous permet de publier des vidéos dans les résultats de recherche Google.[17] Nous nous concentrerons sur la publicité vidéo au sein de la plate-forme YouTube.

Les annonces YouTube peuvent être utilisées pour augmenter l'engagement et augmenter la croissance du nombre d'abonnés sur une chaîne YouTube, ou (comme c'est plus populaire) pour amener les téléspectateurs vers le bas d'un entonnoir afin de s'engager avec une entreprise donnée. Dans ma campagne ci-dessous, notez le CPV bon marché, ou le coût par vue. Essentiellement, pour environ 100 $, cette campagne a permis de multiplier par 10 le nombre moyen de vues de la chaîne à l'époque,

---

[17] Ainsi que de faire de la publicité pour des annonces textuelles uniquement sur YouTube.

d'afficher l'annonce à près de 300 000 personnes à proximité de l'entreprise derrière la chaîne et de générer une traction importante des abonnés.

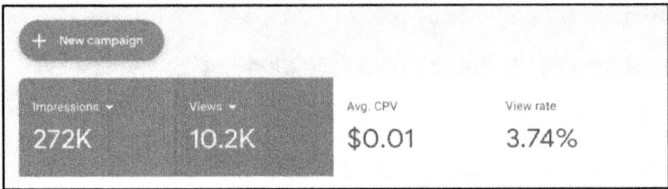

Vous pouvez également noter la campagne ci-dessous, qui a été conçue pour générer des clics et diriger les clients vers un site Web. L'un ou l'autre de ces modèles contrastés, ou une combinaison des deux, peut être utilisé selon vos objectifs de stratégie numérique et sociale.

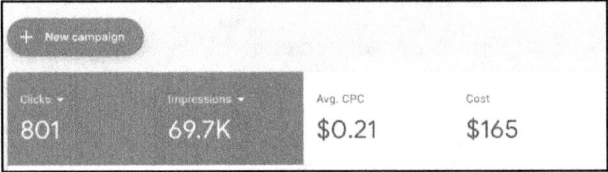

Maintenant, notez les différents types d'annonces YouTube, comme suit:

Annonces vidéo InStream désactivables: Ces publicités sont diffusées avant (pré-roll) ou pendant une vidéo (mid-roll) et peuvent être ignorées après cinq secondes. Comme dans le modèle PPC, vous ne payez que si un internaute clique sur l'annonce ou regarde soit la vidéo entière (si elle dure moins de trente secondes), soit les trente premières secondes.

Annonces vidéo InStream non désactivables: étant donné que la plupart des internautes de YouTube ignorent automatiquement les annonces au bout de cinq secondes, YouTube propose des annonces In-Stream non désactivables. Ces publicités, d'une durée maximale de 15 secondes, ne peuvent pas être ignorées par les utilisateurs et lues avant ou pendant une vidéo. Cependant, YouTube facture les impressions pour les annonces non désactivables, par opposition au clic ou au visionnage. Ainsi, le coût accru des annonces non désactivables doit être mis en balance avec l'engagement accru.[18]

Annonces Discovery Apparaissent à côté des résultats de recherche plutôt qu'avant ou pendant une vidéo. Contrairement aux téléspectateurs qui regardent directement la vidéo, ils ont la possibilité de cliquer dessus et d'être dirigés vers la vidéo ou la chaîne associée. Les annonces Discovery permettent trois lignes de texte en plus d'une vidéo et, pour cette raison, sont bonnes pour les entreprises avec une copie rapide (en particulier les scripts de copie qui ont bien fonctionné sur d'autres plates-formes publicitaires) et une moindre concentration sur l'approche vidéo uniquement.

Pour configurer une campagne initiale, connectez-vous à votre compte Google Ads ou inscrivez-vous à ads.google.com (notez

---

[18] Il existe également des annonces bumper, qui sont une forme d'annonces non désactivables d'une durée de seulement 6 secondes. Compte tenu de leur longueur, les annonces bumper sont les meilleures pour la portée de la marque et les campagnes de sensibilisation, pas pour les campagnes axées sur l'atteinte d'un public local ou la vente d'un produit.

que le crédit de 500 $ sur votre compte Google Ads peut également s'appliquer aux annonces YouTube).

Cliquez sur « nouvelle campagne ». Choisissez un objectif de campagne, comme vous le feriez lors de la configuration d'une annonce Google, et lorsque vous sélectionnez le type de campagne, assurez-vous de choisir « vidéo ».[19] Vous devrez peut-être configurer le suivi des conversions, qui est une intégration de site Web simple, en fonction de l'objectif que vous choisissez.

Ensuite, sélectionnez le sous-type de campagne (qui sont les types d'annonces décrits ci-dessus). Ignorez « outstream » et « ad sequence » pour l'instant. Choisissez la langue de l'annonce, les emplacements où vous souhaitez faire de la publicité, l'objectif de la campagne (la sélection automatique est très bien, et il n'est pas nécessaire de définir un coût cible par action en tant que nouvel utilisateur) et votre budget.

Vous pouvez désormais créer une audience personnalisée, qui intègre les données démographiques, les centres d'intérêt et le remarketing (par exemple, les utilisateurs qui ont déjà interagi avec votre contenu ou votre site Web). Concevez votre audience personnalisée autour de l'audience cible que vous avez définie pour votre entreprise dans la section stratégie de marque. Assurez-vous de ne pas être trop précis, sinon la portée de l'annonce sera limitée. En ce qui concerne les placements, si vous débutez dans la publicité en ligne, ratissez large à travers quelques dizaines de mots-clés, de sujets et d'emplacements qui correspondent à votre public cible. Google le fera pour vous en fonction du contenu de la vidéo avec

---

[19] Vous pouvez également accéder directement à la page de configuration des annonces vidéo en tapant « annonces youtube » sur Google.

laquelle vous faites de la publicité, vous pouvez donc également choisir de laisser les emplacements comme « tout ».

Vous devrez peut-être ajouter du contenu pour une bannière compagnon, si c'est le cas, laissez simplement Google le générer automatiquement pour vous. Enfin, assurez-vous de choisir un appel à l'action fort et un titre à afficher sous la publicité vidéo.

Vous êtes maintenant prêt à cliquer sur « créer une campagne ». Votre annonce devrait commencer à être diffusée dans quelques heures. Gardez ces stratégies et conseils à l'esprit lorsque vous continuez à diffuser des annonces YouTube :

Assurez-vous que **votre compte Google Ads est associé à votre chaîne YouTube**. Pour ce faire, cliquez sur « outils et paramètres », « configuration » et « comptes liés ».

Définissez les annonces YouTube sur non répertoriées. Les annonces YouTube doivent être téléchargées sur YouTube. Si vous avez l'intention d'utiliser des vidéos pour des annonces mais que vous ne souhaitez pas qu'elles soient publiques sur votre chaîne principale, définissez simplement la visibilité sur « non répertoriée » dans les paramètres vidéo. En outre, téléchargez le studio YouTube et les applications Google Ads pour des analyses en déplacement.

Dans une étude réalisée par Unskippable Labs, **les annonces YouTube désactivables de 30 secondes se sont avérées avoir le taux de visionnage (VTR) le plus élevé.** Les cinq premières secondes environ sont les plus importantes : concentrez une annonce sur la proposition de valeur, le pitch, le slogan ou l'offre faite au cours de cette période initiale.

Concevez des annonces spécifiquement pour l'affichage mobile ou de bureau. Les annonces pour la visualisation mobile doivent avoir un texte et des éléments graphiques volumineux et clairs. Desktop alloue plus d'espace pour les éléments créatifs et les fonctionnalités de conception.

Tirez parti des expériences de campagne. Les expériences de campagne (similaires aux tests A / B sur Facebook, comme à venir) permettent aux utilisateurs de copier des publicités et de modifier une ou plusieurs variables. Cela vous permet de tester comment la modification de certaines variables, telles que les mots clés, les pages de destination ou les audiences, affecte les performances des annonces.

La qualité l'emporte. L'authenticité aussi. La qualité et l'authenticité représentent deux approches contrastées des publicités: par exemple, une publicité au Superbowl avec des acteurs célèbres, des décors complexes et des effets visuels par rapport à une personne enregistrant sur son iPhone 6 dans son salon. Les deux thèmes fonctionnent : prenez le temps de réfléchir au type de thème et de style publicitaire global qui convient à votre marque et communique avec votre public de la meilleure manière possible. Faire appel à une aide extérieure pour créer de superbes annonces est presque toujours la bonne décision.

Apprenez de vos concurrents et de vous-même. Si des concurrents offrant des produits ou des services similaires aux vôtres diffusent des annonces YouTube depuis un certain temps, ils ont probablement quelque chose à comprendre. Utilisez leurs annonces comme point de données lorsque vous réfléchissez à la conception de vos annonces et campagnes. De plus, si vous avez réussi sur d'autres plateformes publicitaires, intégrez ces apprentissages dans votre processus de création et d'optimisation d'annonces YouTube. Vos activités de marketing cumulées (en particulier parmi les plateformes publicitaires numériques) sont mieux considérées comme un réseau qui apprend de manière exponentielle ce qui fonctionne et ce qui ne fonctionne pas au fil du temps.

Nous avons maintenant couvert les annonces YouTube - la prochaine étape est le mastodonte des annonces sociales.

Facebook (en anglais) Annonces

Alors que Google peut être la plate-forme publicitaire par excellence des moteurs de recherche (navigateur), Facebook est la plate-forme publicitaire classique des médias sociaux. Facebook compte près de trois milliards d'utilisateurs actifs par mois, tandis que le taux de conversion moyen (CTR) des publicités Facebook est d'environ 9%, et 41% des détaillants interrogés ont déclaré que leur ROAS était le plus élevé sur Facebook. Facebook est également une plate-forme publicitaire puissante en ce sens qu'elle fournit une gamme d'outils permettant aux annonceurs de cibler avec précision les personnes qu'ils cherchent à atteindre, par exemple par le biais d'intérêts, de comportements, d'histoire, etc. Bien que le ciblage des publicités Facebook ait diminué ces derniers temps en raison de préoccupations en matière de protection de la vie privée, il présente toujours des outils de ciblage très puissants par rapport à la plupart des principales plateformes publicitaires.

Les publicités Facebook sont intégrées à Instagram (puisque Meta, anciennement Facebook, possède à la fois Facebook et Instagram) dans la mesure où les publicités créées via Facebook peuvent être diffusées simultanément sur Instagram.

Enfin, Facebook a un « Meta pixel » (anciennement pixel Facebook) qui est un morceau de code ajouté à votre site Web. Cela vous permet de suivre efficacement les actions effectuées par les clients via les publicités Facebook afin de mieux surveiller les conversions et les mesures de base. Le pixel Facebook vous permet également de recibler les clients plus tard, car il suit leurs actions une fois qu'ils visitent votre site Web et agrège ces données pour optimiser automatiquement les publicités. Les pixels peuvent même être configurés sur votre site Web avant même que vous ne commenciez à utiliser les publicités Facebook.

Pour ce faire, rendez-vous dans « gestionnaire d'événements » sous « tous les outils » à business.facebook.com. Cliquez sur « connecter les sources de données », « web », puis sélectionnez « Meta Pixel ». Cliquez sur Connecter, puis donnez-lui un nom et entrez l'URL de votre site Web. Vous pourrez vous connecter automatiquement à WordPress. Si vous avez choisi d'utiliser un autre fournisseur de site Web que WordPress, recherchez un tutoriel sur la façon d'installer manuellement le pixel dans ce système.

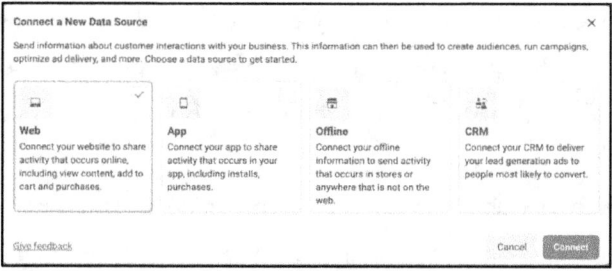

Une fois le pixel intégré, vous pouvez configurer des événements. Les événements sont des actions que les gens effectuent sur votre site Web, comme l'achat d'un produit, l'inscription à une liste de diffusion ou la réservation d'une réunion. Bien que vous puissiez configurer les événements manuellement, il est plus facile de le faire via l'outil de configuration des événements, qui se trouve dans le Meta Events Manager.

Une fois le pixel correctement installé et les événements créés, explorons la plate-forme publicitaire Facebook et la configuration de la campagne.

Vérifiez que vous êtes connecté à votre compte professionnel Facebook. Ensuite, visitez facebook.com/adsmanager/manage/campaigns, qui vous amène directement au gestionnaire de publicités. Assurez-vous de télécharger l'application Meta Ads Manager pour l'analyse mobile.

Ensuite, cliquez sur le bouton « créer » sous campaigns et choisissez un objectif de campagne. La plupart des petites entreprises optent pour les ventes, les prospects ou la sensibilisation. Une fois choisi, vous serez redirigé vers la nouvelle page de campagne. Les publicités Facebook fonctionnent sur les trois niveaux suivants :

Campagnes Définissez les objectifs de haut niveau de votre publicité, tels que l'objectif, et facilitez le regroupement des différentes campagnes en fonction de leur objectif.

Ensembles de publicités sont un niveau en dessous des campagnes et définissent un certain public auquel les publicités sont montrées. Ici, vous définirez également le budget, le calendrier et les enchères.

Enfin, un **A** est ce que les clients voient. Au niveau de l'annonce, vous ajouterez du texte, des éléments visuels et un bouton d'appel à l'action.

📄 Campaigns	▦ Ad sets	▢ Ads

Ainsi, chaque ensemble de publicités peut avoir plusieurs annonces, et chaque campagne peut avoir plusieurs ensembles de publicités. Lors de la configuration, vous serez invité à créer une campagne, un ensemble de publicités et une publicité.

De retour à l'écran de configuration de la campagne, choisissez un nom, laissez « Test A / B » désactivé (car il est plus facile de le faire dans la barre d'outils du gestionnaire de publicités), activez « Budget de campagne avantage » et appuyez sur Suivant.

Maintenant, sur la page de création de l'ensemble de publicités, vous pouvez définir l'audience que vous souhaitez atteindre. Connectez votre pixel, activez la « création dynamique » et définissez un budget. Il est préférable de répartir votre budget entre de nombreuses annonces (pour finalement canaliser vers les annonces les plus performantes) plutôt que de tout dépenser sur une seule annonce.

Ensuite, choisissez votre public. Les audiences peuvent être personnalisées en fonction de l'emplacement, de l'âge, du sexe, des connexions, des données démographiques, des intérêts, des langues et des comportements. Encore une fois, les publicités sont vraiment sur l'expérimentation, vous devriez donc viser à tester une variété de publics au fil du temps. Pour l'instant, personnalisez l'audience en fonction du type de client normal que vous servez. Ne ressentez pas le besoin d'utiliser toutes les options de ciblage – si votre clientèle n'est pas biaisée en faveur d'un certain sexe, par exemple, laissez-le simplement comme « tous les genres ». Bien qu'il soit généralement préférable de garder la sélection de public spécifique pour commencer, assurez-vous que votre public choisi n'est pas trop petit. Sinon, vous ne pourrez pas générer suffisamment d'impressions ni de conversions significatives. Gardez le « ciblage détaillé avantageux » activé et assurez-vous de sauvegarder l'audience pour une utilisation ultérieure et des tests A / B. Laissez « objectif de coût par résultat » vide pour l'instant.[20]

Vous pouvez maintenant accéder à la page de configuration des annonces. Assurez-vous que les comptes Facebook et Instagram connectés sont corrects. Ensuite, choisissez le format et notez que « carrousel » est préférable d'afficher plusieurs images ou vidéos détaillant vos offres ou votre entreprise.

---

[20] Comme le coût par résultat varie considérablement, il est préférable de ne fixer un objectif qu'après avoir établi une base de référence.

Les annonces PPC multimédias personnalisées sont les meilleures, comme pour les annonces YouTube, les gens remarquent des graphiques, des photos et des vidéos de qualité. Plus important encore, presque tout le monde fera immédiatement défiler les mauvais. Concentrez-vous sur la simplicité et les visuels attrayants. Comme toujours, assurez-vous d'intégrer des éléments de votre stratégie de marque.

Lors de la conception de votre annonce et de la rédaction de votre texte, pensez à la proposition de valeur de l'annonce - vous avez besoin de quelque chose de si collant ou attrayant que les gens sont sûrs d'enquêter. Il peut s'agir d'un rabais important, d'un produit unique, d'un service local ou d'un message déchirant. Quoi qu'il en soit, assurez-vous que c'est clair dans le titre, le texte principal et les graphiques. Les spécifications de l'annonce sont les suivantes :

- **Annonces illustrées** : Taille : 1 200 x 628 pixels. Rapport : 1,91:1.
- **Annonces vidéo : Taille** du fichier : 2,3 Go max. Taille des vignettes : 1 200 x 675 pixels.
- **Annonces carrousel :** Taille de l'image : 1 080 x 1 080 pixels.
- **Diaporama publicitaire** : Taille : 1 289 x 720 pixels. Rapport : 2:3, 16:9 ou 1:1.

Assurez-vous de remplir les cinq options possibles pour le titre et le texte de description (encore une fois, travaillez à rebours pour identifier les plus performants à partir d'un ensemble de départ solide). N'optez pas pour les mots-clés lourds ou n'essayez pas de donner l'impression d'être trop cliquable, communiquez simplement votre valeur.

Enfin, choisissez un bouton d'appel à l'action pertinent. Une fois terminé, vous avez créé avec succès une campagne, un ensemble de publicités et une publicité. Il ne vous reste plus qu'à cliquer sur publier.

Suivez la même stratégie décrite dans la section Annonces Google consistant à répartir votre budget entre plusieurs annonces et ensembles d'annonces, à supprimer les moins performants, à tester les tests A / B les plus performants et à poursuivre ce processus au fil du temps (ou dans la mesure qui sert le mieux votre entreprise). Pour terminer, voici quelques conseils rapides à prendre en compte :

- Créez des publicités Facebook Canvas : bien qu'elles nécessitent plus d'efforts pour créer, il est prouvé qu'elles augmentent l'engagement.
- Augmentez la visibilité des publications grâce à l'objectif « engagement ».
- Tirez parti de l'outil « audience similaire ».
- Choisissez de ne placer des annonces que sur ordinateur ou mobile (selon ce qui correspond le mieux à votre entonnoir).

Ceci conclut les publicités Facebook. Notez que les changements en matière de protection de la vie privée forcent Facebook à mettre à jour souvent ses mécanismes de suivi. Ce livre sera mis à jour chaque année pour refléter les conditions actuelles aussi précisément que possible, mais comprenez que le processus d'installation peut différer au fil du temps.

Publicités Instagram

Les publicités Facebook s'affichent automatiquement sur Instagram. Cette section concerne la fonctionnalité « posts sponsorisés » sur Instagram, qui permet aux utilisateurs de promouvoir les publications Instagram comme s'il s'agissait de publicités. Les publicités Instagram sont un excellent moyen d'augmenter la visibilité et de gagner rapidement un public sur Instagram.

Pour promouvoir des publications, signez dans un compte Instagram professionnel (professionnel). Accédez à « Outils publicitaires » et appuyez sur « choisir une publication ». Choisissez la publication que vous souhaitez promouvoir, si vous n'avez pas encore connecté votre compte Instagram à la page Facebook de votre entreprise, c'est le moment.

Ensuite, définissez l'objectif de l'annonce, personnalisez l'audience que vous souhaitez atteindre et choisissez votre budget. Votre annonce commencera à être diffusée sous peu...Tenez-vous au courant des analyses via le bouton Analytics sur chaque publication ou le bouton « Outils publicitaires ».

Si vous avez une boutique Instagram attachée à votre page, vous pouvez identifier vos produits dans une publication, puis booster cette publication pour les inclure dans une annonce.

Alors que les publicités Instagram sont moins susceptibles de fournir des résultats asymétriques par rapport à des plateformes telles que Google ou Facebook, ils sont particulièrement stables et cohérents dans les résultats qu'ils fournissent et, comme indiqué, constituent un excellent moyen d'accroître la visibilité et de développer le nombre d'abonnés.

Considérer l'analyse d'une promotion post-promotion à petite échelle de la mienne. 200 $ de dépenses publicitaires ont généré environ 1 400 likes, 70 partages et 5 881 visites de profil, qui se sont convertis en plusieurs centaines de nouveaux abonnés. Sur un compte relativement petit, cela a été un grand coup de pouce pour la croissance de la page et l'exposition du message.

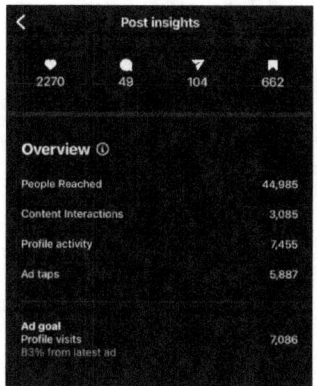

Malheureusement, Instagram n'offre actuellement pas de récompenses aux nouveaux utilisateurs d'annonces Instagram. Si vous souhaitez obtenir un crédit pour créer une publicité via Facebook qui pourrait être partagée sur Instagram (sans l'avantage d'engagement et d'exposition de la promotion d'une publication), reportez-vous à la section Publicités Facebook.

Nous avons maintenant couvert les principales plateformes publicitaires : Facebook, Instagram, Google et YouTube. Nous allons maintenant explorer un deuxième niveau de plateformes publicitaires: Nextdoor, TikTok, Pinterest, Snapchat et Amazon.

Annonces Nextdoor

Cette section a été écrite avec la perspicacité de Blake Martin, qui a utilisé Nextdoor Ads pour développer son entreprise de peinture de trottoir à un profit à six chiffres en tant que lycéen.

Nextdoor est un puissant outil de réseautage et de génération de leads pour les entreprises desservant une clientèle locale. Avec 70 millions d'utilisateurs, Nextdoor s'appuie sur la communauté pour aider les entreprises à se développer : en fait, 88 % des personnes font leurs achats dans une entreprise locale au moins une fois par semaine et

44 % se disent prêts à dépenser plus dans les entreprises locales. Ainsi, tirer parti de Nextdoor comme un mégaphone pour atteindre votre communauté locale par le biais de la publicité et du contenu organique est un impératif absolu pour les entreprises ayant des emplacements physiques ou desservant une communauté locale.

Nous examinerons plusieurs techniques de sensibilisation qui se sont avérées avoir un effet bénéfique sur de nombreuses petites entreprises. Toutes les entreprises doivent configurer leur page d'entreprise et partager un message initial présentant leur entreprise sur la plateforme Nextdoor ; Si votre entreprise propose des articles à bas prix et bénéficie le plus d'une clientèle locale récurrente, la publication régulière de contenu organique est une stratégie de choix (par rapport à la publicité, que nous explorerons plus loin).

Dans la publication initiale, suivez le format *vendre vous-même* ou la méthode *vendre votre client*. La méthode *de vente soi-même* est classique, mais efficace tout de même. Commencez par présenter votre entreprise à la communauté d'une manière personnelle (intégrez votre histoire autant que possible), puis indiquez ce qui vous différencie en tant qu'entreprise par rapport aux autres membres de votre communauté (inclure des visuels pertinents). Comme exemple de première ligne :

« Bonjour, je m'appelle Daegan. Je suis coiffeur à San Francisco spécialisé dans la résolution de la perte de cheveux.

Nextdoor a un public plus âgé que l'application de médias sociaux typique, donc Daegan s'est démarqué en fournissant une solution à un problème couramment rencontré chez les personnes âgées. La réplication de cela dans votre présentation Nextdoor dépend de l'endroit où vous vivez : analysez simplement les groupes d'âge et les données démographiques de votre communauté.

Dans la publication, incluez également le prix de votre produit / service et terminez avec les coordonnées et l'emplacement du magasin (le cas échéant), ainsi que des remises ou des récompenses. Vous pouvez penser à cette initiale

Nextdoor post comme faisant partie de votre entonnoir : l'objectif est d'amener les gens à s'engager avec le post et à suivre l'appel à l'action.

Le deuxième format de publication, appelé la *méthode de vente de votre client, consiste à* amener votre client à considérer les avantages qu'il tirerait de vos produits ou services. Par exemple, au lieu que Daegan décrive simplement son entreprise, il pourrait publier une photo avant et après de son traitement contre la perte de cheveux. En décrivant un client régulier et comment il résout ses problèmes, les personnes qui correspondent au profil du client cible réagiront fortement – en substance, amèneront le spectateur à réfléchir à ce que votre produit / service pourrait faire pour eux grâce à des indices visuels, des témoignages et un langage attrayant.

Plus important encore, assurez-vous que vos publications racontent une histoire. Sur Nextdoor, vous ne voulez pas ressembler à une publicité générique, mais en même temps, ne faites pas passer votre entreprise pour un passe-temps. Racontez plutôt une histoire pertinente, professionnelle et engageante qui se termine par un appel à l'action. Assurez-vous de vous engager une fois que vous partagez la publication - répondre aux commentaires contribue grandement à renforcer les liens.

En résumé, vous seriez surpris de l'impact qu'une publication Nextdoor forte peut avoir sur votre entreprise. Des applications comme Nextdoor ont tendance à illustrer l'effet boule de neige : si votre message explose, tout le monde au sein d'une communauté se sentira obligé d'essayer votre entreprise, motivé par FOMO et le désir de soutenir les entrepreneurs locaux.

Au-delà du contenu organique, la publicité via Nextdoor est un outil puissant idéal pour les entreprises vendant des articles ou des services coûteux. Notez que les annonces Nextdoor ne sont pas diffusées sur un modèle PPC, mais que vous payez à l'avance et que les annonces se mélangent au contenu organique dans l'onglet « accueil » de Nextdoor. Étant donné que Nextdoor montre aux utilisateurs relativement peu d'annonces par rapport à la plupart des autres plateformes sociales, les conversions sont généralement meilleures, même si le suivi et l'analyse sont pires.

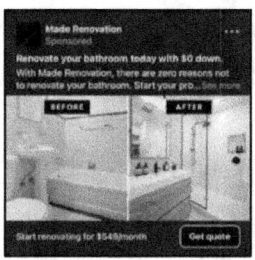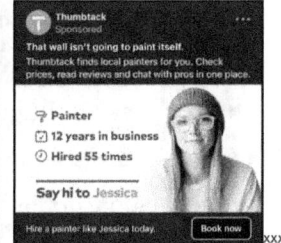xxxvii

Pour commencer, visitez business.nextdoor.com. Cliquez sur «
Réclamer votre page professionnelle gratuite » et assurez-vous
d'être connecté avec votre compte personnel Nextdoor. Entrez le
nom, l'adresse et les catégories (choisissez plusieurs!) de
l'entreprise. En cliquant sur « créer une page », vous serez dirigé vers
une page de création d'annonce. Choisissez un objectif pour votre
campagne : « obtenir plus de messages directs » est préférable pour
les entreprises vendant des articles coûteux ou construits autour de
prospects, « augmenter les visites sur le site Web » est le meilleur
pour une entreprise vendant une gamme de produits en ligne, et «
promouvoir une vente ou une remise » est préférable, comme on
peut le deviner, lorsque vous avez une forte vente ou une incitation
à promouvoir. Selon l'objectif de campagne que vous choisissez,
procédez comme suit :

Recevez plus de messages directs. Rédigez des invites
personnalisées détaillant les FAQ et les questions que les clients
potentiels sont susceptibles de poser. Remplissez pas moins de trois
et pas plus de sept.

**Faites la promotion d'une vente ou d'une remise et augmentez les
visites sur le site Web.** Pour le contenu publicitaire, concentrez-vous

sur la pertinence et l'unicité. Identifiez les principaux arguments de vente et slogans de la section identité de marque (pour le titre) et utilisez des enquêtes, des statistiques et des témoignages comme preuve sociale (pour l'image). Assurez-vous que le lien de clic mène à une page de destination optimisée et que le bouton d'appel à l'action correspond à la page de destination.

Ensuite, considérez le domaine dans lequel vous souhaitez commercialiser vos annonces. Pour ce faire, analysez où vivent vos clients actuels, comment ils vous trouvent et jusqu'où ils seraient prêts à conduire pour votre produit ou service. Démarrer-uber local et se développer au fil du temps est généralement la voie à suivre.

Enfin, définissez le budget, puis cliquez sur Publier. Étant donné que les annonces Nextdoor ne sont pas basées sur un modèle PPC, la mise à niveau et l'optimisation des campagnes publicitaires au fil du temps consistent en grande partie à diffuser de nombreuses publicités à faible coût (3 à 10 $ par jour) et à faire la transition des dépenses publicitaires au fil du temps vers les plus performantes.

Nextdoor a vraiment fait des merveilles pour mon entreprise, et je crois fermement qu'il peut faire de même pour de nombreuses entreprises qui comptent sur leur communauté locale pour croître et prospérer. Peut-être que votre voisin sera votre meilleur client après tout!

Publicités TikTok

TikTok a récemment pris d'assaut le monde de la publicité, et de nombreux vendeurs en ligne en parlent comme d'une ruée vers l'or. Les publicités TikTok fonctionnent mieux pour les entreprises qui cherchent à cibler des publics de moins de 30 ans avec des produits ou des services offerts en ligne (par exemple, n'essayez pas de faire de la publicité localement sur TikTok). Les publicités TikTok sont diffusées sur d'autres applications du réseau TikTok, notamment Pangle et BuzzVideo.

Toutes les annonces TikTok sont courtes et orientées verticalement; Extrêmement court fonctionne mieux, donc sous la barre des 15 secondes (bien que même plus court soit souvent mieux). Un message visuellement attrayant, ainsi que des messages percutants, sont indispensables.

Lors de la mise en place de votre première campagne, vous serez invité sous « créer nouveau » à choisir les emplacements d'annonces: vous pouvez soit opter pour le placement automatique, où TikTok choisit pour vous, soit aller manuellement et sélectionner où vous souhaitez que vos annonces soient diffusées. Il est initialement préférable d'opter pour le placement automatique ou de tester une grande variété de placements manuels avec un budget limité. Vous pouvez ensuite créer des audiences personnalisées comme vous le feriez sur Facebook (notez que les « groupes d'annonces » TikTok sont équivalents aux « ensembles de publicités » Facebook). Notez que TikTok a un pixel similaire à celui du pixel Facebook.

En guise de note finale, je ne recommanderais pas de pousser les vidéos TikTok en tant qu'annonces simplement pour augmenter l'exposition et augmenter le nombre d'abonnés. TikTok n'est tout simplement pas difficile à développer grâce à un contenu organique par rapport à presque toutes les autres plateformes sociales et atteindre le seuil de rentabilité grâce à des publicités conçues pour augmenter l'exposition est peu plausible. J'ai travaillé avec une entreprise qui avait investi des milliers de dollars dans les publicités TikTok dans ce but précis – leur compte, bien qu'il ait été vérifié et qu'il ait une grande équipe sociale, s'est écrasé et n'a accumulé que quelques centaines de milliers de likes, ce qui s'est traduit par un suivi inférieur à 10k et une perte presque complète en termes de ROAS.

Au lieu de cela, l'effet de levier Publicités TikTok dans le flux pour encourager les utilisateurs à visiter une page de destination. Lancez-vous à getstarted.TikTok.com.

Annonces Pinterest

Pinterest (en anglais) Les annonces sont idéales pour les entreprises avec un contenu et des offres très visuels, et souvent avec un thème central de conception. La plupart des annonces Pinterest sont des « épingles sponsorisées » qui apparaissent dans les flux aux côtés des épingles régulières. Les carrousels promus sont une alternative intéressante aux épingles promues. Pinterest a l'équivalent d'un pixel Facebook, appelé balise Pinterest, alors assurez-vous de l'installer sur votre site Web avant de lancer des campagnes publicitaires. Ensuite, commencez à business.pinterest.com et assurez-vous de suivre les pratiques d'optimisation décrites jusqu'à présent.

Annonces Snapchat

Snapchat (en anglais) Les publicités sont idéales pour les entreprises qui vendent leurs produits ou services en ligne et qui cherchent à cibler les jeunes. La plupart des publicités Snapchat sont des vidéos courtes affichées dans l'application qui encouragent les utilisateurs à glisser vers le haut et à visiter un lien fourni par l'annonceur. Ces publicités ne durent que 3 à 10 secondes, elles doivent donc avoir un impact significatif dans le court laps de temps imparti. Si les publicités Snapchat conviennent à votre entreprise, réfléchissez bien à la façon de transformer votre message en un format vidéo court. Lancez-vous à ads.snapchat.com.

Annonces Amazon

Amazone Les annonces ne peuvent être utilisées par les fournisseurs que pour faire la publicité des produits qu'ils ont déjà répertoriés sur Amazon. Si vous avez des produits répertoriés sur Amazon, envisagez d'intégrer les publicités Amazon dans votre stratégie numérique pour améliorer le classement des produits et générer des avis, en particulier sur les produits nouvellement lancés. Amazon propose plusieurs types d'annonces contrastées: produits sponsorisés, marques sponsorisées et annonces vidéo (les annonces vidéo, notamment, ne vous obligent pas à faire de la publicité pour un produit vendu sur Amazon). Je recommande de ne tirer parti des annonces sponsorisées de produits et de marques que si vous vendez des produits sur Amazon, sinon vous en tenez à la publicité Google, Facebook et YouTube pour les produits et services non vendus via Amazon. Ce faisant, notez qu'Amazon utilise un modèle

PPC similaire aux plates-formes examinées jusqu'à présent. Suivez simplement ces meilleures pratiques et visitez advertising.amazon.com pour commencer.

Voici à quoi ressemble une journée de campagne publicitaire Amazon optimisée (vendre un produit à environ 9 $):

Spend	x	Sales	x	Impressions	x	Clicks	x	ACOS	x
$31.14 TOTAL		$101.50 TOTAL		34,582 TOTAL		63 TOTAL		30.68% AVERAGE	

Voici la même campagne lorsqu'elle a commencé à être lancée :

Spend	x	Sales	x	Impressions	x	Clicks	x	ACOS	x
$33.38 TOTAL		$17.98 TOTAL		47,731 TOTAL		52 TOTAL		185.65% AVERAGE	

Annonces LinkedIn

Connexion Les publicités sont les meilleures pour les entreprises B2B (entreprises vendant des produits ou des services à d'autres entreprises) et celles vendant des produits ou services professionnels.

Pour commencer avec les annonces LinkedIn, cliquez sur « annoncer » dans la case pointillée en haut à droite de la page d'accueil. Configurez un compte de gestionnaire de campagne et cliquez sur « créer » et « campagne ».[21] Assurez-vous de configurer la balise LinkedIn Insight (équivalente au pixel Facebook) au fil du temps.

---

[21] Notez que les groupes de campagne LinkedIn ne sont qu'un niveau de seau au-dessus des campagnes et existent uniquement à des fins organisationnelles.

Suivez un processus de configuration similaire à celui des plateformes publicitaires décrites précédemment. Pour ceux qui souhaitent augmenter l'engagement LinkedIn, choisissez « vues vidéo » ou « engagement » comme objectifs de campagne. Pour créer un entonnoir conçu pour vendre un produit ou un service, choisissez « conversions de site Web » ou « conversions de prospects ». Choisissez un format d'annonce en fonction du type de contenu que vous avez trouvé ou que vous jugez le plus efficace pour votre entreprise. Il peut s'agir de vidéos, d'images ou de messages purement textuels. Lorsque vous avez terminé, cliquez sur « suivant » et remplissez le contenu de l'annonce. Ensuite, lancez, et vous êtes prêt à partir. Tenez compte de ces conseils lorsque vous continuez à diffuser des publicités LinkedIn :

- Lorsque vous travaillez avec de petits budgets, testez une multitude d'audiences personnalisées spécifiques à uber (avec des audiences cibles de 50 000 au minimum) avec un ciblage qui, selon vous, fonctionnera le mieux ou a bien fonctionné sur d'autres plateformes.
- Tirez parti du graphique des performances et de l'onglet Données démographiques pour ajuster les annonces au fil du temps.
- Configurez des audiences correspondantes et similaires pour recibler les visiteurs du site Web. Trouvez des options d'audience correspondantes sur l'écran de ciblage du gestionnaire de campagne et recherchez des options d'audience similaires sous « planifier », « audiences » et « créer une audience ».

En somme, LinkedIn est une plateforme magistrale pour atteindre des publics professionnels : utilisez-la bien.

Annonces de sites de niche

Jusqu'à présent, nous avons couvert la plupart des plus grands réseaux publicitaires du monde. Restent tous les acteurs de niche dans le jeu publicitaire, à savoir ceux qui offrent des annonces sur des plates-formes axées sur un seul intérêt ou démographique.

Par exemple, mon agence d'édition diffuse régulièrement des annonces sur Goodreads, qui est une plate-forme sociale spécialement conçue pour les lecteurs.

Pour trouver des opportunités publicitaires de niche, tenez compte des sites Web et des applications fréquentés par votre public cible. Visitez-les et voyez s'ils proposent des emplacements publicitaires. Sachez simplement que de nombreuses petites plates-formes ont des minimums - Goodreads, par exemple, nécessite un minimum de 5 000 $ en dépenses publicitaires (3 200 $ si vous travaillez par l'intermédiaire d'une agence partenaire). Si les termes ne sont pas clairs, n'hésitez pas à contacter les équipes d'assistance ou d'administration.

Publicité alternative

La publicité PPC ne reflète pas toute la gamme des publicités numériques ni des opportunités de marketing disponibles. Nous explorerons les deux stratégies alternatives les plus utilisées par les petites entreprises: le marketing d'influence et le marketing d'affiliation.

Influencer Marketing

Il a été très clair jusqu'à présent que la création de contenu est une opportunité lucrative pour les entreprises d'atteindre plus de personnes et de transformer ces téléspectateurs en clients.

Le marketing d'influence apporte un avantage similaire à l'audience-construire mais contourne la difficulté inhérente à la création et au partage de contenu: à savoir. Cela implique que les entreprises paient de l'argent ou offrent des produits gratuits aux influenceurs des médias sociaux en échange de publicités destinées au public de l'influenceur.

Par exemple, une marque de beauté peut payer un influenceur beauté avec 500k abonnés sur YouTube 3 000 $ pour parler des produits de la marque de beauté pendant trente secondes dans une vidéo. Alternativement, l'influenceuse peut également recevoir 3 000 $ de produit gratuit en échange de la publicité ou se déclarer comme étant « sponsorisée » par la marque de beauté et ainsi maintenir une relation à long terme alors que la marque paie l'influenceur pour utiliser et promouvoir ses produits ou services à long terme et tout au long de sa présence sociale et de son contenu.

En tant que personne qui a été à la fois l'influenceur et l'entreprise dans la relation de marketing d'influence, je peux parler de la nature gagnant-gagnant du marketing d'influence et du fait qu'il s'agit d'une stratégie viable. Pour pratiquement toutes les entreprises, car les influenceurs représentent toutes les niches et tailles imaginables. Pour identifier les influenceurs que votre marque peut utiliser, explorez ces plateformes :

- Influencité
- Upfluence
- Creator.co

Vous pouvez également rechercher votre créneau ou votre secteur d'activité sur une plate-forme sociale donnée et consulter les principaux influenceurs. Essayez de travailler avec des influenceurs dont les audiences reflètent vos données démographiques cibles, des taux d'engagement élevés, un faible nombre de publicités et des valeurs correspondant à votre marque.

Lorsque vous atteignez les influenceurs, les messages personnalisés sont les meilleurs. Comparez deux e-mails que j'ai reçus :

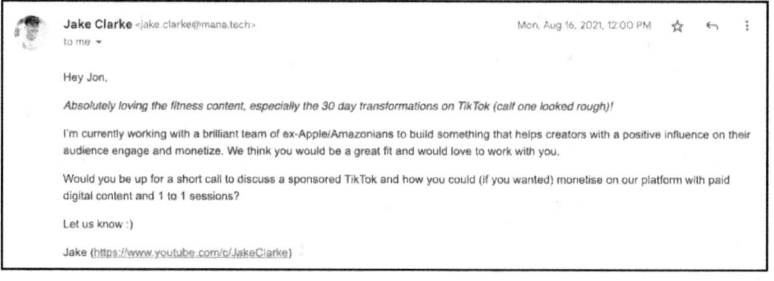

Le premier e-mail montrait que l'auteur avait au moins vu une partie de mon contenu avant de me contacter. Le pitch était concis et l'appel à l'action était personnalisé et clair. C'est tout ce que vous devez faire lorsque vous contactez des influenceurs. Le deuxième e-mail est tout ce que votre sensibilisation ne devrait pas avoir: une première ligne manifestement automatisée et mal orthographiée, un formatage de texte douloureusement allongé, un faux nom et une photo de profil vierge, et un slogan faible (« notre seul véritable ennemi, HOT » n'est tout simplement pas le mouvement, désolé les gars).

Ainsi, bien que cela puisse prendre un certain temps supplémentaire pour personnaliser correctement la sensibilisation des influenceurs, cela en vaut la peine dans le réponse qu'il encourt. La sensibilisation par e-mail est généralement préférable - si un influenceur n'en a pas répertorié, il est acceptable de le contacter par message direct.

Gymshark est une marque qui utilise puissamment le marketing d'influence. En fait, être parrainé par gymshark est considéré comme un symbole de statut ultime dans la communauté de la musculation et du fitness - les influenceurs rivalisent pour attirer l'attention de Gymshark dans l'espoir de recevoir un parrainage. C'est le marketing d'influence à son meilleur, et Gymshark est devenu une marque d'un milliard de dollars en conséquence.

Une fois que vous avez contacté des influenceurs qui, selon vous, fonctionneraient bien avec votre marque pour le marketing d'influence, tout ce qui est Il reste à vérifier que l'influenceur suit de son côté du bargin. Essayez de mesurer les résultats et ne continuez à travailler avec un influenceur que s'il s'avère qu'il génère plus de clients et de bénéfices pour votre entreprise qu'il ne coûte. S'ils obtiennent des résultats exceptionnels, offrez-leur un mandat à plus long terme.

Enfin, notez que le marketing d'influence contribue grandement à aider votre entreprise à se développerDience sur les médias sociaux - une mention d'un influenceur avec lequel vous travaillez peut facilement 10x un petit profil de marque.

Alors, gardez à l'esprit le marketing d'influence comme un outil extrêmement précieux pour Obtenez les avantages d'un public social sans avoir à le construire vous-même, ainsi qu'un moyen d'accélérer la croissance sociale de votre entreprise.

Marketing d'affiliation

En tant que deuxième forme de publicité numérique alternative, le marketing d'affiliation est le processus par lequel un « affilié » ou un tiers gagne une commission pour la vente de vos produits ou services pour vous. Le marketing d'affiliation est le plus répandu au sein de la communauté des influenceurs, car les créateurs peuvent facilement capitaliser sur leur large public grâce aux commissions d'affiliation. Les entreprises, d'autre part, aiment le marketing d'affiliation car il incite d'autres personnes à travailler dur pour vendre leurs produits et services pour eux.

Pour votre entreprise, mettez en place un programme de marketing d'affiliation en désignant simplement des codes uniques aux affiliés (vraiment, à n'importe quel utilisateur, car il n'y a aucun inconvénient à offrir un code à chaque titulaire de compte), qui peuvent automatiquement recevoir des commissions sur leur compte lorsque les clients passent à la caisse en utilisant leur code. Ceci est facilement vers le bas grâce au plugin AffiliateWP dans

Wordpress (Pretty Links et Easily Affiliate fonctionnent également). Certaines entreprises, en particulier celles qui ont des produits d'information numérique, peuvent bénéficier de la cotation sur clickbank.com, qui est un marché pour les entreprises et les spécialistes du marketing affiliés.

Notez ces entreprises, qui ont créé des programmes d'affiliation immensément rentables:

xxxix

En résumé, le marketing d'affiliation et le marketing d'influence sont des stratégies numériques précieuses pour tous les types

d'entreprises. Chacun tire parti du pouvoir d'autres personnes, qu'il s'agisse d'influenceurs célèbres ou d'étudiants partageant des liens entre eux, pour développer votre entreprise pour vous.

Retour à Stratégie

Je vais vous faire part une dernière fois de l'importance d'intégrer des métriques et une approche axée sur les données dans la publicité numérique et sociale.

Tout au long des huit derniers chapitres, nous avons examiné une variété d'outils essentiels au monde de l'entreprise numérique: stratégie sociale, présence sociale, création de contenu, publicité PPC, marketing d'influence, etc. Un dénominateur commun est la poursuite de l'optimisation : aucun entonnoir, aucune campagne publicitaire ou pipeline de contenu n'atteindra son plein potentiel dès le premier jour, et le succès en ligne des petites entreprises reflète en grande partie le degré auquel les données sont mesurées, analysées et utilisées comme moteur vers une activité ultérieure. Gardez ce principe au cœur de vos opérations numériquesvont de l'avant.

Selon cette même règle, laissez les données gouverner les décisions, pas ce livre. Nous avons fait de notre mieux pour fournir un cadre complet aux entreprises qui cherchent à entrer dans les espaces sociaux et numériques. Cela ne signifie pas que toutes les entreprises peuvent bénéficier dans la même mesure d'une stratégie ou d'un outil numérique donné. Au contraire, chaque entreprise est unique, et les conseils présentés ici sont mieux considérés comme un processus, une méthodologie et une base de connaissances sous-jacents à partir desquels opérer.

Le livre ne peut que s'arrêter là où il a commencé : lors d'une introduction à un monde de plus en plus défini par l'interaction en ligne, et à un environnement commercial faisant très probablement son plus grand changement de l'histoire vers un système massivement mondialisé et numérisé.

Cet avenir n'a pas besoin d'être effrayant – vous êtes maintenant équipé des outils pour l'adopter et l'utiliser pour faire passer votre message, vos produits et vos services.

Comme indiqué au chapitre deux, ce livre sera publié pour la première fois à l'automne 2022. Une nouvelle édition sera publiée chaque année pour refléter l'évolution rapide des domaines et des opportunités qu'elle explore. Il évoluera également en fonction des commentaires fournis par les lecteurs réels. Pour nous faire cadeau de vos expériences ou pour poser des questions, contactez-nous à team@smmfsb.com.

Appendice

Que devriez-vous lire ensuite?

Merci d'avoir lu ce livre! Si vous recherchez des lectures connexes et souhaitez soutenir l'édition indépendante, consultez deux de nos ouvrages populaires, *The Modern Guide to Stock Market Investing for Teens* et *Bitcoin Answered*.

Remerciements

Après une année d'écriture agressive en 2021 marquée par la publication de deux livres, j'avoue que ces derniers mois ont été moins ornés. Me remettre en selle n'a pas été une tâche facile, même si elle a certainement été gratifiante. Le mérite revient à ma merveilleuse équipe et aux gens autour de moi, à commencer par Will Warren pour avoir planté la graine qui est devenue ce livre et en terminant par l'équipe de publication d'Aude.

Les remerciements appropriés doivent commencer beaucoup plus tôt. Ce livre et les connaissances qu'il contient sont la somme des entreprises entrepreneuriales sauvages dans les nombreux domaines susmentionnés. Pour le cadeau de ces années, j'ai adressé mes sincères remerciements à Jeremy Vaughn, Omar Rezec, Michael Thompson, Sreekar Kuckibhatla, Sharon Kha, Ben Wanzo, John Corcoran, Kai Lu, Jack Jacobs, Mahmood et aux nombreux autres avec qui j'ai eu le plaisir de travailler.

Merci à Blake Martin, Ksenia Suglobova et Manny Diaz pour leurs précieuses contributions à ce texte, ainsi qu'à Dean Liang, Genesis Nguyen et Jack Zimmerman pour leurs contributions à des travaux récents.

Ma gratitude va à Alyssa Callahan et Patchen Homitz – ce qui rapporte, après tout, mais un siège d'apprentissage. Sur une note égale, un hommage est attendu depuis longtemps à Gil, Habeeb, Connor, Joyce, Justin, Malcolm, Malia et, oui, tout Starroyo. Mes meilleurs vœux à tous pour l'avenir.

Enfin, cher lecteur, merci pour votre temps et votre réflexion. Tous les livres sont pour leurs lecteurs – j'espère que ce texte vous a rendu justice.

Ressources
Services mentionnés tout au long du livre.

Présence sociale

Google.com/business

facebook.com/pages/creation

trends.pinterest.com

search.google.com/search-console

trends.pinterest.com

Lâche

Asana

Trello

Zapier

Hootsuite

Plus tard

Vent arrière

Co-horaire

Iconosquare

BuzzSumo

Scoop.it

Mentionner

RencontreEdgar

Pilote social

Gestionnaire de pages Facebook

Zoho Social

PromoRepublic

Audiense Connect

Chat Napoléon

Fiverr

Perfectionnement

Designhill

Toptal

Roseau

99designs

Codeable

Gun.io

PeoplePerHour

Mot de ciel

Canva

Photoshop

Photopea

Mailchimp

Constant Contact

Goutter

Hubspot

Sendinblue

SEMrush

SpyFu

Répondre au public

Cliquez sur Cesser

Mot de tir :

SEMrush

SpyFu

Répondre au public

Cliquez sur Cesser

Mot de tir

Publicités

business.pinterest.com

studio.youtube.com

ads.google.com

business.facebook.com

facebook.com/adsmanager/manage/campaigns

business.nextdoor.com

getstarted.tiktok.com

advertising.amazon.com

clickbank.

Domaine, site Web et hébergement

godaddy.com

godaddy.com/en-in/hosting/WordPress-hosting

bluehost.com/WordPress

Espace carré

Weebly

Wix

Index

A fortiori.

| | | | |

Visuels

---

[i] *Profil Google Business, Morton's.*
[ii] *Profil d'entreprise Google, prouvant la restauration au bord de l'eau.*
[iii] *Instagram: B&N Supplements, Lucky's Markets.*
[iv] *Instagram : Philz Coffee, AgenciFlow.*
[v] *Instagram: Bay Club, Urban Remedy.*
[vi] *LinkedIn : Maker Wine*
[vii] *LinkedIn : Bitchin' Sauce*
[viii] *Pinterest : Boohoo*
[ix] *Pinterest : jewelry1000.com*
[x] *Pinterest: Ultra Beauté*
[xi] *YouTube : Mint.com*
[xii] *YouTube: Reign*
[xiii] *YouTube : MonsterInsights*
[xiv] *Tiktok: Bitchin' Sauce, TomoCredit, Yahoo Finance*
[xv] *Twitter : Sam Parr*
[xvi] *Twitter : Shaan Puri*
[xvii] *Wordpress.org*
[xviii] *GoDaddy.com*
[xix] *Coinbase.com*
[xx] *Hubspot.com*
[xxi] *Facebook : TomoCredit*
[xxii] *YouTube: NerdWallet*
[xxiii] *YouTube: Manscaped*
[xxiv] *YouTube : NewRetirement*
[xxv] *Tous YouTube [Analytics]: Ksenia Suglobova*
[xxvi] *YouTube : Alex Hormozi, Biaheza, Jordan B. Peterson, Mr. Beast, Nick Bare, Lost LeBlanc, Marie Forleo, Magnus Midtbo, Valuetainment.*
[xxvii] *YouTube : Jordan Welch*
[xxviii] *YouTube: BeardBrand*
[xxix] *LinkedIn: Arcade*
[xxx] *LinkedIn : Fondation Marekting.*
[xxxi] *Instagram: TomoCredit, Mosdotcom, The Economist*
[xxxii] *Instagram: Penguin Publishing, Portnum & Mason, David Yurman*
[xxxiii] *Application Peerspace*

[xxxiv] *makerwine.com et shop.tesla.com*

[xxxv] *Forbes et Beardbrand*
[xxxvi] *Google.com*
[xxxvii] *Nextdoor: Rénovation faite, Thumbtack*
[xxxviii] *Instagram: Gymshark, Jamal)b15, David Laid*
[xxxix] *TradingView, Robinhood, Binance.us*

Tous les visuels d'analyse sociale et publicitaires non crédités appartenant à Jon Law

www.ingramcontent.com/pod-product-compliance
Lightning Source LLC
Chambersburg PA
CBHW061156120626
46546CB00005B/2090